浙江省现代农作物种业“十二五”发展报告

施俊生　阮晓亮　王仁杯　主编

ZHEJIANG UNIVERSITY PRESS
浙江大学出版社

图书在版编目（CIP）数据

浙江省现代农作物种业“十二五”发展报告 / 施俊生，阮晓亮，王仁杯主编. — 杭州：浙江大学出版社，2017.6

ISBN 978-7-308-16639-3

Ⅰ. ①浙… Ⅱ. ①施… ②阮… ③王…Ⅲ. ①种子-农业产业-研究报告-浙江 Ⅳ. ①F326.1

中国版本图书馆CIP数据核字（2017）第023515号

浙江省现代农作物种业“十二五”发展报告
（ZHEJIANGSHENG XIANDAI NONGZUOWU ZHONGYE“SHIERWU”FAZHAN BAOGAO）

施俊生　阮晓亮　王仁杯　主编

责任编辑　季　峥（really@zju.edu.cn）
责任校对　陈静毅　舒莎珊
策　　划　季　峥
封面设计　林智广告
出版发行　浙江大学出版社
（杭州市天目山路148号　邮政编码310007）
（网址：http://www.zjupress.com）
排　　版　杭州林智广告有限公司
印　　刷　浙江海虹彩色印务有限公司
开　　本　880mm×1230mm　1/32
印　　张　4.25
字　　数　103千
版 印 次　2017年6月第1版　2017年6月第1次印刷
书　　号　ISBN 978-7-308-16639-3
定　　价　98.00元

浙江大学出版社发行中心联系方式:0571-88925591;http://zjdxcbs.tmall.com

前　言

“国以农为本，农以种为先。”种子是农业生产中最核心、最基础、最重要的生产资料，是农业科技进步和其他各种生产资料发挥作用的载体，是农业增产、农民增收最重要的因素。种业作为农业发展的源头，具有鲜明的基础性、战略性，已成为提升我国农业竞争力的关键。

“十二五”期间（2011—2015年）是浙江省种业改革发展创新的五年。五年来，浙江省根据党中央国务院、省委省政府关于加快推进现代种业发展的决策部署，结合实际，大胆创新，勇于实践，在农作物种质资源保护利用、品种选育、企业发展、良种保障供应、推进种子法治建设、加强种子管理等方面均取得了长足进步，为浙江省现代农业发展作出了应有的贡献。

为方便广大农业政策研究、行政管理、行政执法、技术推广和经营服务人员及时了解“十二五”期间浙江省种业发展状况，我们组织编写了这个报告。全书分为七篇，分别介绍种业发展概况、种业工作举措、种业科技创新、种子生产与推广、种业企业发展、种业管理与服务，以及对未来的展望，供各地参考。

由于时间紧迫，水平有限，书中可能会有错误，敬请读者指正。

目　录

第一篇　种业发展概况

“粮安天下，种铸基石。”“十二五”期间，受国家和浙江省种业改革发展政策的推动，浙江省农作物种业发展取得了长足进步。

五年来，全省积极组织开展农作物种质资源收集保护工作，收集、保护、利用了一批种质资源，建立了一批种质资源保护基地(圃)。围绕绿色生态循环农业发展需要，不断改革完善品种审定制度，积极引导科研育种单位选育优良品种。全省优势农作物品种，如籼粳杂交稻、油菜品种的选育继续保持全国领先；蔬菜、旱杂粮、桑茶果蚕、食用菌、中药材等品种的选育快速向绿色、优质、多抗、适宜机械化操作的方向发展；全省累计育成审定农作物品种 325 个，其中，省内自主育成品种 298 个，占育成品种的比例达 91.7%，水稻自主育成品种 90 个，占水稻育成品种的比例达 98.9%，比“十一五”末增加 9.9 个百分点。

截至 2015 年底，全省种业企业有 83 家，注册资本 3000 万元以上规模企业有 14 家，全省企业种业销售总额超 11 亿元，企业研发投入达 7785 万元，前十位企业种业销售额占比达 70.3%，与 2010 年相比，种业企业数减少 37 家，规模企业增加 9 家，销售总额翻了一番，企业研发投入增加 120% 以上，前十位企业种业销售额占比约增加 8 个百分点，企业群体结构进一步优化。

截至 2015 年底，建成了一批种子生产基地，全省主要农作物制繁种基地面积达 19 余万亩（1 亩 ≈ 666.7 平方米），年种子生产能力达 4000 余万公斤（1 公斤 =1 千克），分别比 2010 年增加 43.4%、64.8%，全省种子市场供需总体平衡，种子价格稳中有升，5 年间省内自主育成年推广种植面积达 100 万亩以上的品种有 2 个，10 万亩以上的品种有 77 个，水稻主导品种覆盖率达 72.3%，种子商品化率达 77.2%，种子质量平均合格率达 86.9%，分别比 2010 年增加 6.9 个百分点、17.2 个百分点和 10.3 个百分点，农作物良种覆盖率稳定在 98% 以上，优良品种集聚度稳步提高，现代种业的发展有效支撑和引领全省生态循环农业发展。

截至 2015 年底，全省设立种子管理机构 87 家，比 2010 年增加 3 家县级机构，实际在编在岗人员有 559 人，拥有 3 家具有检验资质的种子质量检验机构，种子检验员有 385 人（次），拥有区试站 15 个，南繁基地面积达 2200 亩左右，种质资源信息数据平台不断完善，建成一批资源保护圃及粮油瓜菜新品种展示示范基地，全省种业监管服务能力明显提升。省、市、县三级全面组织开展新品种区试、审定、展示示范，以及种子质量监督抽检、种子市场检查、种子供需预测预警等各项种业监管工作，为全省农作物种业健康发展作出了巨大贡献。

第二篇　种业工作举措

一、制订出台加快种业发展政策

（一）制订关于加快全省现代种业发展意见

根据《关于加快推进现代农作物种业发展的意见》（国发〔2011〕8 号）文件要求，2012 年，浙江省人民政府制订印发了《关于加快现代种业发展的意见》（浙政发〔2012〕9 号），提出了“十二五”期间种业发展目标、“4 个加快和 4 个加强”重点任务及保障措施。

（二）印发关于加强种业强省建设专题会议纪要

2014 年初，浙江省人民政府专门就加快现代种业发展，组织召开协调会，并专门印发了会议纪要，明确了启动浙江省级育繁推一体化种业企业培育计划，以及促进种业科企合作和科技人才流动、允许种业科技人员个人持股等政策。

（三）制订深化种业体制机制改革意见

根据《国务院办公厅关于深化种业体制改革提高创新能力的意见》（国办发〔2013〕109号）文件精神，2015年底，浙江省人民政府办公厅印发了《关于深化种业体制机制改革创新若干意见》，进一步明确全省种业科研育种体制机制改革、商业化育种资源流动、科研育种人才双向流动、支持企业发展的金融信贷税收优惠政策、种业成果权益分配比例、公益性资源开放共享、种子生产基地保险等的相关政策，为各地加快推进种业体制机制改革提供了依据。截至2015年底，全省11家农科院校所办种业企业按期完成了脱钩任务。

二、组织实施现代种业发展工程

（一）制订现代农作物种业发展规划

在大量调研的基础上，组织起草了浙江省现代农作物种业发展“十二五”规划，提出了粮油、蔬菜、果树、茶叶、蚕桑、食用菌、中药材种业发展方向，以及种质资源保护、商业化育种推广平台、骨干企业培育、良种繁育基地、种子管理技术支持体系等建设重点，经浙江省人民政府同意后，于2012年由浙江省发改委、浙江省农业厅联合印发，为“十二五”期间种业发展描绘了蓝图。

（二）启动现代种业发展工程

2011—2015年，浙江省先后启动实施一批国家和省级种子种苗工程、现代种业发展工程项目，5年累计投入国家财政专项资金

3410 万元、浙江省级财政资金 11200 万元，扶持 109 个项目，对全省种质资源保护、良种繁育基地、新品种区试及展示示范基地的基础设施建设进行扶持，全面优化了种业发展物质装备。

（三）启动浙江省级育繁推一体化培育计划

从 2014 年开始，经浙江省人民政府同意，启动浙江省级育繁推一体化种业企业培育计划，2014—2015 年投入财政资金 3750 万元，对 7 家种业企业的科研育种、良种繁育推广等设施设备投入进行扶持。

（四）启动企业自主育种创新工程

针对浙江省种业企业育种创新能力偏弱的情况，2015 年，启动企业自主育种创新工程，按企业申报、专家评审的方式，筛选出由浙江勿忘农种业股份有限公司等首批浙江省级育繁推一体化种业企业申报的“杂交籼稻新品种选育”等 7 个项目作为扶持对象，积极推进其他企业开展育种攻关工作，加快优良品种选育。

三、启动落实一批种业发展优惠措施

（一）启动品种审定绿色通道

根据国务院《关于加快推进现代农作物种业发展的意见》（国发〔2011〕8 号）和浙江省人民政府《关于加快发展现代种业的意见》（浙政发〔2012〕9 号）精神，2013 年，浙江省制订印发了浙江省主要农作物品种审定和引种实施绿色通道的意见，对全省种业企业申请省级审定或者相邻省引种审批时予以优先安排，着力推进企业育成品种推广。

（二）实施订单良种奖励扶持政策

针对浙江省水稻制繁种农户效益降低、积极性下降的现状，先后启动实施浙江省级水稻和小麦订单良种奖励政策，2011—2015年省财政累计安排7784.6万元，对全省37万亩（水稻和小麦）制繁种基地农户进行奖励补助，为稳定省内制繁种基地面积、提高农户生产良种积极性发挥了重要作用。

四、加强法治建设与种业监管

根据《中华人民共和国种子法》及配套办法要求，结合浙江省实际情况，先后出台了《浙江省农作物种子生产经营许可管理若干规定（试行）》《浙江省主要农作物品种审定办法》和《浙江省非主要农作物品种审定办法》等配套管理办法，进一步完善了种子管理配套规章制度，规范了种子管理工作，积极营造依法治种、公平竞争的种业发展环境。从2013年开始，将种植业生产良种化率列入浙江省农业现代化指标考核体系，对各地每年种植业生产良种化率和种业销售额情况进行年度考核，省、市、县三级全面组织开展种业监管服务，加速了全省农作物种业现代化进程。

第三篇 种业科技创新

一、种业科技成果

（一）审定品种

“十二五”期间，通过浙江省级审定的农作物品种有 325 个。其中，蔬菜 99 个（占 30.5%），水稻 91 个（占 28.0%），玉米 31 个（占 9.5%），桑茶果蚕 22 个（占 6.8%），西瓜 13 个（约占 4.0%），大豆 11 个（约占 3.4%），中药材 11 个（占 3.4%），食用菌 11 个（占 3.4%），旱杂粮 11 个（占 3.4%），油菜 8 个（占 2.5%），棉花 6 个（占 1.8%），花草 7 个（占 2.2%），小麦 4 个（占 1.2%）（详见附表 1）。

“十二五”期间，通过浙江省级审定的品种中，自主育成品种占 91.7%，与“十一五”期间持平。其中，蔬菜、桑茶果蚕、中药材、食用菌等非主要农作物自主育成品种占 100.0%，水稻、玉米、棉花、油菜、西瓜 5 个农作物自主育成品种占比分别为 98.9%、74.2%、

66.7%、62.5%、46.2%，小麦品种以省外育成为主，与"十一五"期间相比，水稻自主育种增加9.8个百分点。情况详见表3-1、图3-1、图3-2。

表3-1 2011—2015年浙江省审定品种结构情况表

单位：个

作物	2006—2010年				2011—2015年				省内育成品种占比"十二五"同比增长/%
	总品种数量	省外育成品种数量	省内育成品种数量	省内育成品种占比/%	总品种数量	省外育成品种数量	省内育成品种数量	省内育成品种占比/%	
水稻	137	15	122	89.1	91	1	90	98.9	9.8
小麦	0	0	0	0.0	4	4	0	0.0	0.0
玉米	30	8	22	73.3	31	8	23	74.2	0.9
棉花	6	1	5	83.3	6	2	4	66.7	-16.6
大豆	7	0	7	100.0	11	1	10	90.9	-9.1
西瓜	14	4	10	71.4	13	7	6	46.2	-25.2
油菜	9	3	6	66.7	8	3	5	62.5	-4.2
旱杂粮	12	0	12	100.0	11	1	10	90.9	-9.1
蔬菜	95	0	95	100.0	99	0	99	100.0	0.0
桑茶果蚕	26	0	26	100.0	22	0	22	100.0	0.0
食用菌	4	0	4	100.0	11	0	11	100.0	0.0
中药材	17	0	17	100.0	11	0	11	100.0	0.0
花草	3	0	3	100.0	7	0	7	100.0	0.0
总计	360	31	329	91.4	325	27	298	91.7	0.3

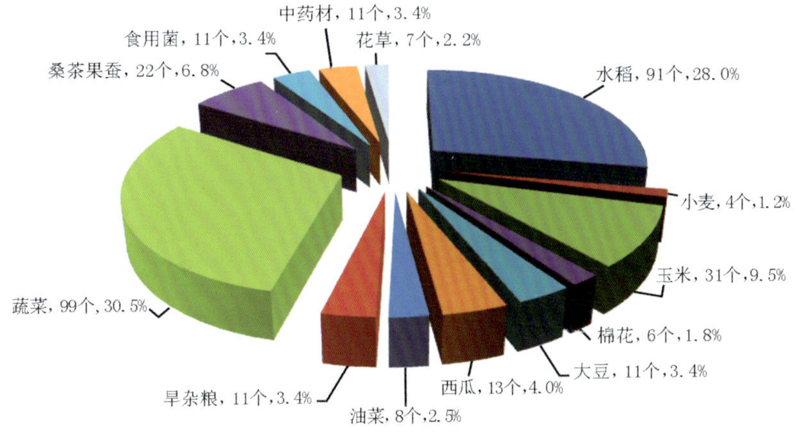

图 3-1　2011—2015 年浙江省审定品种分布图

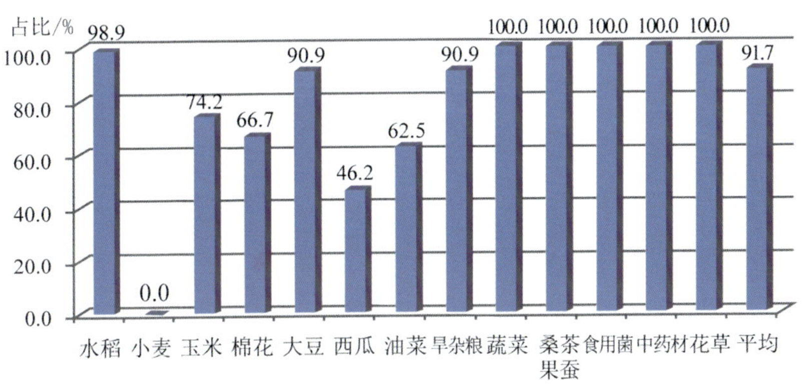

图 3-2　2011—2015 年浙江省自主育成品种占比图

（二）超级稻

2011—2015 年，浙江省通过国家认定的超级稻共有 10 个，其中，常规早稻 2 个（中早 35、中早 39），籼粳杂交晚稻 5 个（甬优 12、甬优 15、甬优 538、浙优 18、春优 84），籼型三系杂交晚稻 3 个（天优华占、中 9 优 8012、内 5 优 8015）（详见附表 2）。2005—2015 年，共有超级稻品种 17 个，占全国超级稻（118 个）的 14.4%，数量居全国前列。

（三）不育系

2011—2015 年，浙江省通过鉴定不育系材料 69 个，其中，水稻不育系 64 个，油菜不育系 5 个（详见附表 3）。

（四）新品种授权

2011—2015 年，浙江省先后获得植物新品种保护授权品种 66 个，其中，水稻品种 40 个（详见附表 4）。

（五）种业奖项

据不完全统计，2011—2015 年，浙江省农作物科研育种推广先后获省部级以上奖项 29 项（详见附表 5）。

（六）退出品种

2011—2015 年，浙江省共实施 4 次主要农作物品种退出审定，共退出品种 324 个，其中，大豆 7 个，棉花 16 个，水稻 236 个，西瓜 17 个，小麦 14 个，油菜 10 个，玉米 24 个，进一步清理了没有推广应用价值的主要农作物品种（详见附表 6）。

二、主要农作物种业科研进展

（一）水稻[①]

1. 常规水稻

（1）育种材料创制进展。育成了一批高抗性淀粉、特优质的稻米品系和不育系，鉴定出一大批早籼稻抗性材料、晚粳稻抗性材料，创制出一批品质特优、具有对有毒重金属低吸收等特性的优异种质资源。

（2）育种方法和技术进展。开展了诱变、亚种间杂交等多种育种途径，并利用分子标记辅助选择和重病区鉴定相结合，开展了抗稻瘟病基因 *Pi-1*、*Pi-2*、*Pi-9*、*Pi-33*、*Pigm*，抗白叶枯病基因 *Xa5*、*Xa21*、*Xa23*，抗条纹叶枯病基因 *Stvb-i*，抗褐飞虱基因 *Bph3*、*Bph14*、*Bph15* 等的应用，提高了育种效率。

（3）品种选育和推广进展。品种选育时更加注重品质、抗性和产量的协调提高，育成品种的产量、品种抗性等主要性状得到显著改良，为浙江省和周边地区的水稻生产发展作出了重要贡献。比如，育成的温 814、温 926、嘉育 938、陵两优 0516 等早籼品种产量水平取得新突破，比对照组增产 10% 以上；中佳早 29、嘉早 309 等早籼品种的米质均达（农业）部颁三等以上等级，秀水 121、秀水 321、秀水 519、宁 84、春江糯 63 等晚粳品种的米质均达（农业）部颁二等以上等级，米质有明显改良；育成中早 39、秀水 09、秀

①中国水稻研究所研究员杨长登、浙江省农业科学研究院作物与核技术利用研究所研究员张小明提供资料

水134等新品种，抗性明显提高，多数具有2种以上的抗性。其中，中早39早稻品种于2012年2月被农业部认定为超级稻品种，2011—2015年省内累计推广种植面积达263万亩，占省内早稻推广总面积的40.6%，在江西、湖南、湖北、浙江、安徽等地区每年总推广种植面积达300万亩以上，其推广种植面积列全国常规水稻第15位。

2. 杂交水稻

（1）育种材料创制进展。育成了一批优质高产不育系、优质不育系、高产不育系、带标记不育系、光温敏不育系和滇Ⅰ型不育系等材料，其中大部分不育系已在全省投入生产应用，将逐步改变浙江省杂交水稻生产制种中以往仅沿用珍汕97A、协青早A、Ⅱ-32A等老不育系的被动局面。选育和改良一批广亲和恢复系，其中籼粳杂交稻恢复系航恢507、K6093、F5032、C84及浙恢818具有配合力强、抗逆性好、遗传多样性丰富等特点，表现出了十分优良的综合农艺性状。

（2）育种方法和技术进展。在籼粳亚种间杂种优势利用、超级稻育种技术、分子标记辅助育种技术、分子设计育种理论、光温敏两系不育系选育、恢复系与广亲和恢复系培育等育种技术与方法上取得长足的进步。尤其是在籼粳杂交稻育种技术方面，在高产、抗逆、抗病、品质、灌浆等性状的选育技术上，形成系列化、特色化的方法与成熟的技术手段。

（3）品种选育和推广进展。籼粳杂交稻品种选育处全国领先水平，宁波市农业科学研究院、中国水稻研究所、浙江省农业科学研究院分别自主选育的甬优系列、春优系列和浙优系列等籼粳杂交稻品种，在生产上得到大面积推广应用。其中，甬优系列品种已经形成了杂交粳稻、杂交糯稻、籼粳杂交稻三大系列，2015 年浙江省推广种植面积达 305 万亩，约占全省杂交晚稻面积的 57.1%，推广种植区域已涵盖浙、沪、苏、皖、鄂、赣、闽、桂、粤 9 个省（区、市），至 2015 年已累计推广接近 3000 余万亩；2012 年，甬优 12 百亩示范方平均产量达 963.65 公斤，亩产最高为 1014.3 公斤，均刷新浙江省农业吉尼斯超级稻高产纪录，同时刷新了中国超级稻平均亩产纪录。

（二）旱作[①]

1. 原始创新进展

（1）大小麦方面。开展了分子标记和特殊性状基因定位分析，完成了大麦抗赤霉病基因、大麦白化颖壳基因、大麦穗突变体基因、小麦抽穗期、小麦耐盐相关的 QTL（数量性状遗传位点）遗传定位分析，定位出大麦半矮秆新基因位点，并克隆了新的半矮秆基因，发现了一个新的麦芽浸出率主效 QTL，获得 1 个候选基因，开发了与大小麦优质、抗病、抗逆等性状相关的分子标记；确定了与野生大麦耐铝性相关的特异蛋白和候选基因，明确了野生大麦耐干旱和盐碱复合胁迫的生理机制。

（2）玉米方面。发现玉米果皮细胞层数受核质互作基因的控制，通过基因组测序，从分子水平上验证了我国糯玉米 *wx* 基因存在新的突变类型。

（3）油菜方面。获得浙双 72、中双 11 等大品种为遗传背景的广亲和不育系。

---

①浙江省农业科学研究院作物与核技术利用研究所研究员朱丹华、研究员张冬青、研究员汪军妹、副研究员吴列鸿提供资料

2. 育种材料创制进展

完成旱粮作物种质资源信息、核心种质材料中心数据库构建，以及数字化管理与辅助育种平台的构建，创制了一批高油油菜，高蛋白大豆，早熟小麦，高麦芽浸出率大麦，优质高直链淀粉玉米，高胡萝卜素甘薯，多抗、早熟、优质马铃薯等特异种质材料。

3. 育种方法和技术进展

（1）**大小麦方面**。建立了大麦条纹病、白粉病、赤霉病的抗病性鉴定评价体系及评价技术标准，建立了半粒法综合鉴定小麦高相对分子质量谷蛋白亚基的方法。

（2）**油菜方面**。分子标记技术成功应用于油菜杂交种选育，在 100kb 基因组区域内筛选获得与 *Bnms3* 连锁显性标记 6 个，与 *Bnrf* 连锁标记 4 个；第 7 连锁群上主效含油量 QTL 和主效粒重 QTL 研究分别获得 2 个和 3 个候选基因，初步建立油菜菌核病鉴定方法，筛选油菜不同品种的特异标记引物，构建种子纯度分子标记快速检测技术体系和杂交制种技术，自主开发了 7 个油菜育种实用软件和农艺性状、品质性状 2 个数据库，极大提高了油菜育种的精准性和效率。构建了规模化的抗性室内鉴定与田间自然筛选相结合的系列配套技术，提高了育种材料的抗性鉴定效果。

（3）**甘薯方面**。建立了聚合改良甘薯胡萝卜素和干物质含量的育种技术。在马铃薯方面，解决了全省马铃薯开花结实难的难题，为开展自主育种创造了条件。

4. 品种选育和推广进展

（1）**油菜方面**。自主育成油菜品种 8 个，育成新品种在双低的基础上向更优质、更高产、更高效的方向发展，育成的高产、高油、适合机械化生产的浙油 50、浙油 51、浙油 33、浙油 267 等新品种的含油量和产油量取得重大突破，其中，浙油50获2015年浙江省科学技术奖一等奖；育成的浙油18、浙油19、浙油28等具有高产、双低、抗倒、抗裂角、适宜机械收获等优良特点，其中，浙油18平均亩产达154.04公斤，比对照浙双72增产5.36%，亩产油量达65.96公斤，比对照增产3.78%，株型紧凑，分枝角度小，茎秆坚硬，抗倒性、抗裂荚性强，抗角果发芽，2012年获浙江省科学技术奖二等奖；浙油80成为我国第一个育成的高油酸油菜新品种，油酸含量高达84.3%，含油量达46.10%，芥酸含量达0.1%，硫苷含量达32.7微摩尔/克，耐盐碱，可在海涂种植，目前已被产业化应用，开发的油品可与橄榄油和茶油相媲美。

（2）**甘薯方面**。我省的甘薯品质育种居国内领先水平，选育的品种快速向鲜食化、优质化、专用化方向发展，育成推广的迷你型、烘烤型及薯片、薯条等食品加工型甘薯品种，已逐渐成为全省居民餐桌上的主角，满足了不同消费层次需求，并获得了2013年浙江省科学技术一等奖。浙薯系列甘薯新品种已在广西、江西、湖南、湖北、安徽、山东、河南、北京、新疆等地示范推广，浙薯13、心香已成为浙江省甘薯主栽品种，在遂昌、桐庐等地形成薯脯干产业，在临安、衢江等地已形成鲜食小甘薯产业。

（3）**大豆方面**。我省的鲜食和高蛋白春大豆品种选育在国内外均居领先地位。其中，浙鲜豆8号和浙鲜9号食用品质已与国际接轨，其病毒病抗性和亩产明显提高；浙鲜豆8号百亩方鲜荚亩产达853.6公斤，创浙江高产纪录，2015年已成为浙江省大豆主导品种。高蛋白大豆浙春4号粗蛋白含量达47.96%，其蛋白含量居目前国内审定品种和国外已登记推广品种之首位。

（4）**其他**。我省的大麦高产多抗育种水平在国内领先，大麦自主育成品种在全省种植覆盖率达100%。玉米育种优势明显增强，育成品种类型丰富。原实力较弱的马铃薯和小麦育种基础明显增强。

（三）蔬菜[①]

1. 原始创新进展

通过全基因组简化测序和重测序，结合应用生物信息学技术，开发了与抗病性、抗逆性、品质或育性等相关的SSR、SCAR、CAPS和InDel等标记19个；筛选出能区分青花菜自交不亲和性类型的引物1对，可鉴定花椰菜、青花菜育性及不育类型的引物1对；获得与瓠瓜苦味基因连锁的InDel标记1对。研究建立了长豇豆、瓠瓜性状–SNP标记关联分析体系，成为快速获得育种可用分子标记的有力工具。

2. 育种材料创制进展

从美国、以色列、荷兰及国内各地新引进各类蔬菜种质材料3774份。其中，茄果类蔬菜种质1457份，瓜类蔬菜919份，十字花科蔬菜720份，豆类蔬菜430份，特色蔬菜248份。通过杂交、回交、分子标记辅助选择、小孢子培养等技术和方法，创制出优异种质材料317份。其中，茄果类蔬菜新种质57份，瓜类蔬菜新种质54份，十字花科蔬菜新种质70份，豆类蔬菜新种质130份，特色蔬菜新种质6份。新创制的材料在产量、品质、抗逆性、抗病性和耐贮运性等一个或多个方面表现突出，为下一步新品种选育奠定了很好的材料基础。

---

①浙江省农业科学研究院蔬菜研究所研究员李国景提供资料

3. 育种方法和技术进展

建立了一批抗病基因鉴定方法、室内或田间抗病接种鉴定技术、品质相关性状鉴定技术、耐低温能力等抗逆性鉴定方法；建立了十字花科小孢子培养等种质创制新技术、胞质雄性不育鉴定技术 3 套。研制出番茄、青花菜等种子纯度检测、加工和制种等技术；研制出青花菜等种子抗猝倒病包衣配方。

4. 品种选育和推广进展

在进口替代品种、设施专用品种、传统特色品种的选育上取得进展。育成的浙青 95、台绿 2 号等青花菜品种在产量、抗性、商品性、品质等方面与日本引进品种绿雄 90、优秀均不相上下；育成的浙杂 503、瓯秀 201 等番茄品种，在果实商品性、耐贮运性、长势、熟性、产量等方面均达到了进口品种倍盈的水平。育成各类蔬菜新品种 95 个，在省内外推广应用新育成品种的种植面积达 68.9 万亩以上。

三、种质资源保护利用

2011—2015 年，浙江省农作物种质资源保护库共调查入库 694 份（见表 3-2），已完成 51 种农作物 107 份浙江省级首批保护名录的种质资源的品种特征特性鉴定评价。利用地方优势种质资源育成甬榨 5 号、台丝 2 号、台丝 3 号、甬甜 8 号、甬越 1 号等多个农作物新品种，累计推广种植面积达 25.9 万亩。利用地方优势种质资源材料，开发了乌皮青仁大豆、处州白莲、龙游小辣椒等一批具有地方特色优势品种，并成为当地产业化开发的特色名优农产品，累计种植面积达 104.4 万亩，农民增收 14.3 亿元，企业增收 1.95 亿元，出口创汇 680 多万美元。

表 3-2　2011—2015 年浙江省农作物种质资源收集情况表

单位：份

年份	2011 年	2012 年	2013 年	2014 年	2015 年	2011—2015 年
资源	84	73	217	163	157	694

“十二五”期间，建成了西湖莼菜、薯芋类、水生蔬菜等一批种质资源保护圃。

第四篇　种子生产与推广

一、种子需求

（一）年度变化

2011—2015 年，浙江省主要农作物播种面积达 1900 万 ~ 2250 万亩，种子需求量达 5300 万 ~ 8344 万公斤，与 2010 年相比，播种面积总体下降 7.9%，但商品种子需求量增加了 38.0%，增幅明显（详见表 4-1、图 4-1）。

表 4-1　2010—2015 年浙江省主要农作物种子需求及生产情况表

年份	播种面积 / 万亩	种子需求量 / 万公斤	市值 / 万元
2011 年	1968.9	5335.0	47021.1
2012 年	2364.9	6254.0	76622.6
2013 年	2213.5	6653.0	92768.8

续表

年份	播种面积 / 万亩	种子需求量 / 万公斤	市值 / 万元
2014 年	2221.2	8344.3	94944.3
2015 年	1955.1	7727.7	85144.8
2010 年	2123.7	5600.0	49356.0
2015 年比 2010 年增长值	−168.6	2127.7	35788.8
2015 年比 2010 年增幅 / %	−7.9	38.0	72.5

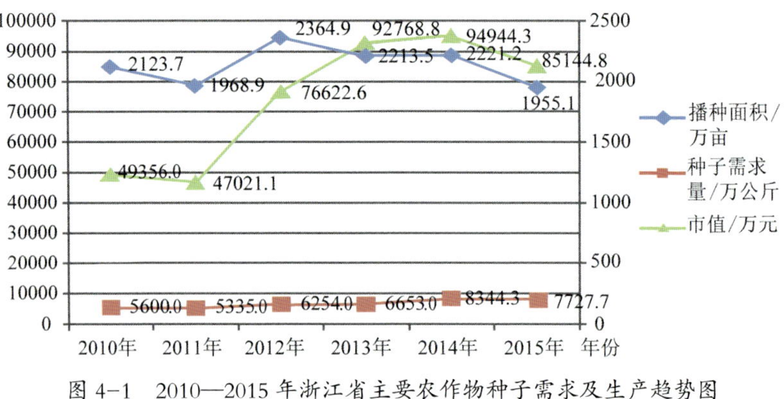

图 4-1　2010—2015 年浙江省主要农作物种子需求及生产趋势图

（二）主要农作物种子需求情况

2015 年，浙江省各主要农作物商品种子需求量分别为：常规水稻 1503.8 万公斤，杂交水稻 406.8 万公斤，小麦 945.8 万公斤，大豆 606.5 万公斤，马铃薯 4015.9 万公斤，棉花 7.8 万公斤，油菜 42.3 万公斤，玉米 198.3 万公斤，分别占需求总量的 19.5%、5.3%、12.2%、7.8%、52.0%、0.1%、0.5%、2.7%（见表 4–2、图 4–2）。

表 4-2　2015 年浙江省主要农作物种子需求量及生产情况表

作物		播种面积 / 亩	平均亩用种量 / 公斤	种子商品化率 / %	种子需求量 / 万公斤	市值 / 万元
玉米	合计	1284727	1.64	94.27	198.3	10755.5
	鲜食玉米	733871	1.23	94.19	85.0	7193.7
	普通玉米	550856	2.18	94.37	113.3	3561.8
小麦		1526548	10.06	61.59	945.8	4908.9
常规水稻		6046877	4.27	58.24	1503.8	8887.3
杂交水稻	合计	56186389	0.72	100.00	406.8	34576.0
	两系早稻	39800	1.33	100.00	5.3	384.6
	两系中稻	565232	0.62	100.00	35.0	2817.6
	两系晚稻	376794	1.02	100.00	38.4	2931.7
	三系早稻	20100	1.25	100.00	2.5	154.4
	三系中稻	3457248	0.68	100.00	235.1	20406.1
	三系晚稻	1159465	0.78	100.00	90.4	7881.7
大豆		1619343	5.43	68.97	606.5	7920.3
马铃薯		756250	100.65	52.76	4015.9	14256.5
棉花	合计	115810	0.70	97.46	7.8	735.7
	常规棉	10970	2.52	91.21	2.5	67.3
	杂交棉	104840	0.51	98.11	5.2	668.4
油菜	合计	2582459	0.20	84.36	42.3	3104.6
	常规冬油菜	2334506	0.20	82.70	38.6	2773.2
	杂交冬油菜	247953	0.15	100.00	3.7	331.5
总计		1955.1 万	—	77.23	7727.2	85144.8

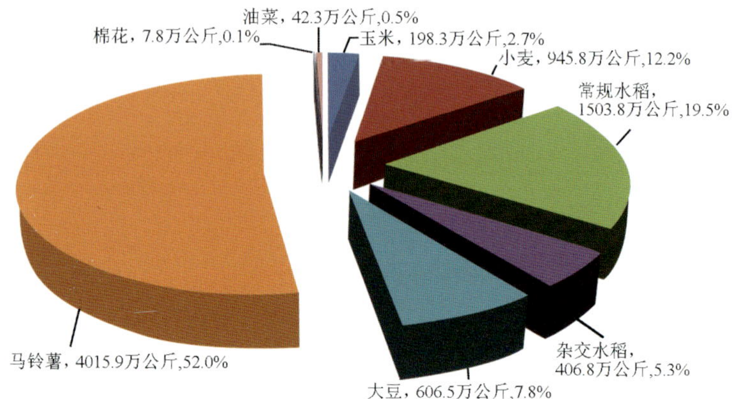

图 4-2　2015 年浙江省主要农作物种子需求结构分布图

（三）种业市场规模

2011—2015 年，浙江省 7 类主要农作物种业市值达 4.7 亿 ~9.5 亿元。其中，2015 年市值达 85144.8 万元，比 2010 年增加 72.5%；2015 年杂交水稻、马铃薯、玉米、常规水稻、大豆、小麦、油菜、棉花的市值分别为 34576 万元、14257 万元、10756 万元、8887 万元、7920 万元、4909 万元、3105 万元、736 万元，分别占总量的 40.6%、16.7%、12.6%、10.4%、9.3%、5.8%、3.6%、0.9%（见图 4-3）。

二、种子生产

（一）种业企业制繁种面积

2011—2015 年，浙江省种业企业主要农作物制繁种面积为 15.7

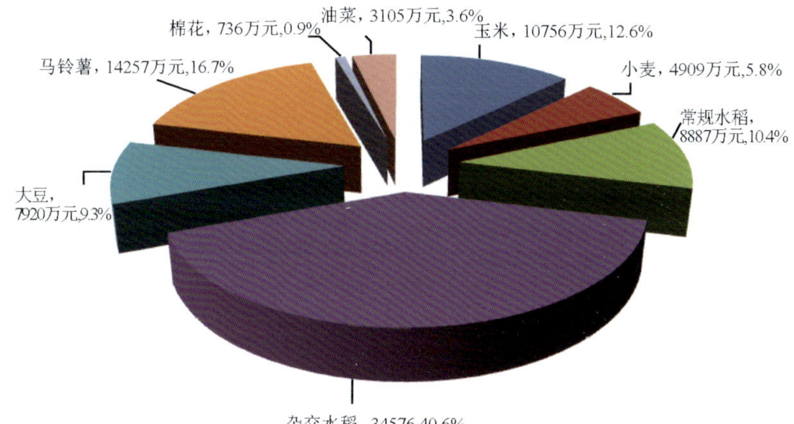

图 4-3　2015 年浙江省主要农作物种业市值分布图

万 ~19.1 万亩，基本呈上升趋势。其中，2015 年为 19.1 万亩，比 2010 年增加 43.6%（见表 4-3、图 4-4）。

表 4-3　2010—2015 年浙江省主要农作物制繁种面积表

年份	面积 / 万亩
2011 年	15.7
2012 年	18.2
2013 年	18.0
2014 年	17.3
2015 年	19.1
2010 年	13.3
2015 年比 2010 年增长值	5.8
2015 年比 2010 年增幅 / %	43.6

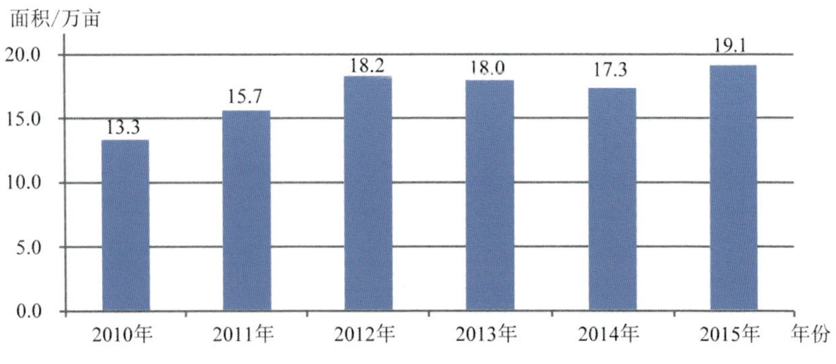

图 4-4　2010—2015 年浙江省主要农作物制繁种面积趋势图

（二）种业企业制繁种农作物

“十二五”期间，浙江省种业企业农作物制繁种以水稻为主。其中，2015 年全省水稻制繁种面积达 12.27 万亩，约占总量的 64.3%；水稻制繁种产量达 3215.4 万公斤，约占总量的 79.6%（见表 4-4、图 4-5、图 4-6）。

表 4-4　2015 年浙江省各主要农作物制繁种情况表

作物	面积		产量	
	数值 / 万亩	占比 / %	数值 / 万公斤	占比 / %
常规水稻	6.87	36.0	2541.9	62.9
杂交水稻	5.40	28.3	673.5	16.7
油菜	0.49	2.6	58.7	1.5
玉米	0.42	2.2	107.2	2.7
小麦	1.21	6.3	327.0	8.1
蔬菜、大豆、棉花等	4.68	24.5	330.2	8.2
合计	19.07	—	4038.4	—

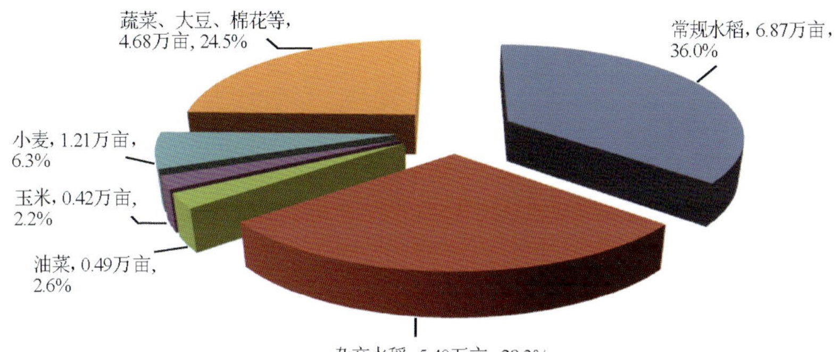

图 4-5 2015 年浙江省主要农作物制繁种面积分布图

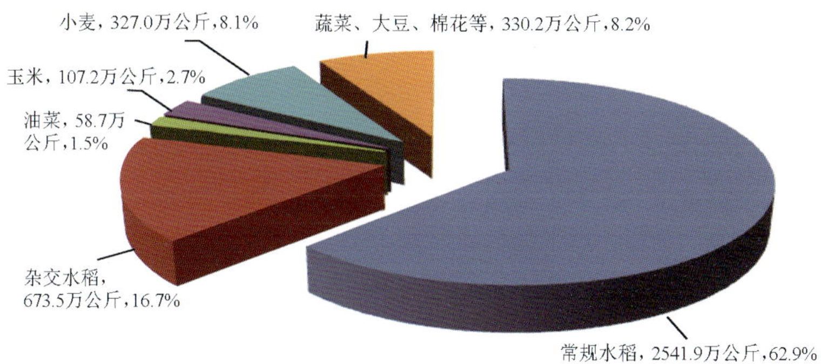

图 4-6 2015 年浙江省主要农作物制繁种产量分布图

（三）种业企业制繁种数量

1. 总产

2011—2015 年，浙江省主要农作物制繁种总产呈逐年上升的趋势。其中，2015 年制繁种总产达 4038.4 万公斤，比 2010 年增加 65.8%（见表 4-5、图 4-7）。

表 4–5　2010—2015 年浙江省主要农作物制繁种总产表

年份	总产 / 万公斤
2011 年	3005.1
2012 年	3167.7
2013 年	3542.3
2014 年	3302.7
2015 年	4038.4
2010 年	2436.2
2015 年比 2010 年增长值	1602.2
2015 年比 2010 年增幅 / %	65.8

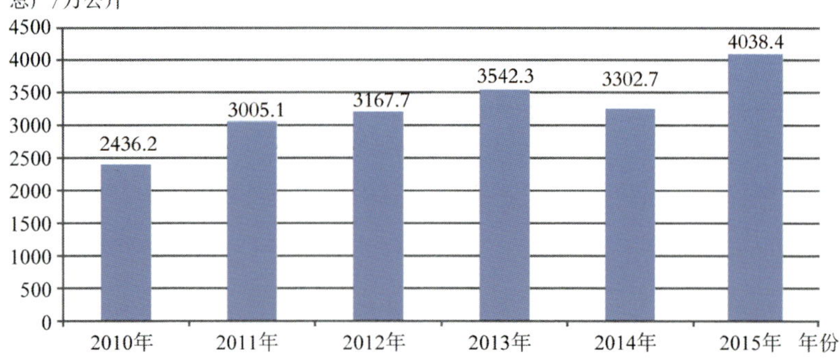

图 4–7　2010—2015 年浙江省主要农作物制繁种总产趋势图

2. 亩产

“十二五”期间，浙江省小麦、水稻、油菜、玉米等主要农作物制繁种亩产水平呈逐年上升趋势。其中，2015 年主要农作物制繁种平均亩产达 201.6 公斤，比 2010 年增加 19.5%（见图 4–8）。

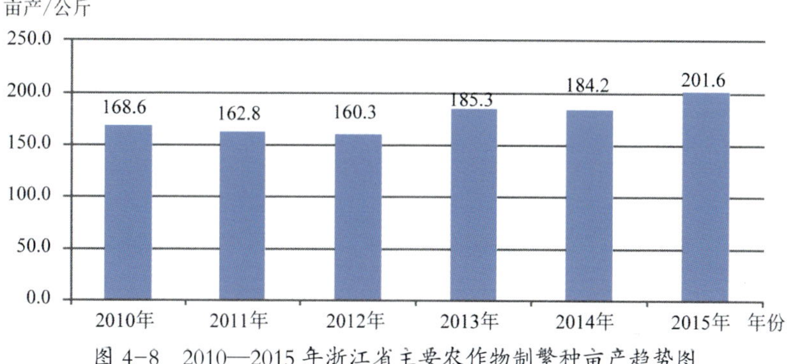

图 4-8　2010—2015 年浙江省主要农作物制繁种亩产趋势图

（四）种子质量

种子质量监督抽检结果显示，2011—2015 年，浙江省主要农作物种子质量平均抽检合格率达 81.8%~90.9%。其中，2015 年种子质量平均抽检合格率为 86.9%，比 2010 年增加 10.3 个百分点；常规水稻种子质量抽验合格率均为 95% 以上；杂交水稻种子质量抽验合格率均为 99% 以上；蔬菜和大豆种子质量抽验合格率比 2010 年分别提高了 15.6 个百分点和 10.6 个百分点；但瓜类种子质量抽检合格率依然较低，且比 2010 年下降了 10.9 个百分点。这表明全省农作物种子质量水平总体呈上升趋势，但蔬菜类种子质量总体偏低，且年度间差异较大（见表 4-6、图 4-9）。

表 4-6　2010—2015 年浙江省主要农作物种子质量抽检合格率统计表（%）

作物	2011 年	2012 年	2013 年	2014 年	2015 年	2010 年	2015 年比 2010 年增长值
平均	82.1	81.8	89.6	90.9	86.9	76.6	10.3
常规水稻	95.6	100.0	97.5	100.0	99.1	97.3	1.8

续表

作物	2011 年	2012 年	2013 年	2014 年	2015 年	2010 年	2015 年比 2010 年增长值
杂交水稻	100.0	99.6	100.0	99.5	99.1	99.1	0.0
杂交玉米	90.8	92.5	96.3	97.2	98.3	93.5	4.8
蔬菜	66.2	63.2	79.2	77.1	74.5	58.9	15.6
大豆	62.9	72.0	75.0	92.6	80.0	69.4	10.6
油菜	96.8	100.0	98.5	100.0	98.2	100.0	–1.8
瓜类	100.0	69.2	57.1	100.0	73.3	84.2	–10.9
小麦	66.7	—	100.0	100.0	100.0	100.0	0.0
其他	100.0	100.0	66.7	80.0	100.0	83.3	16.7

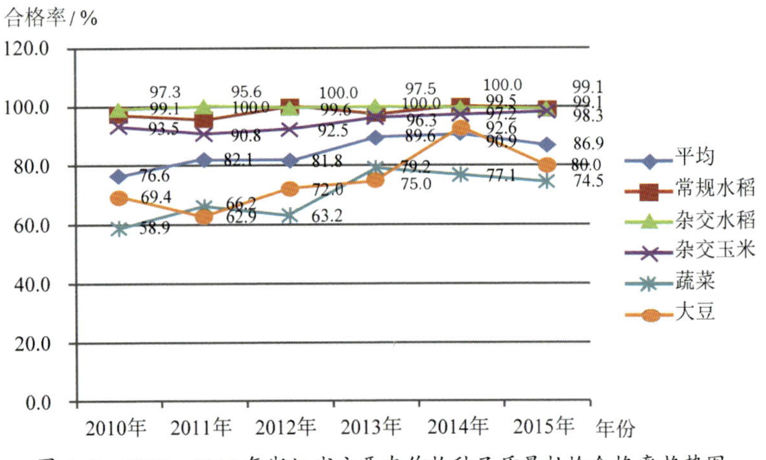

图 4-9 2010—2015 年浙江省主要农作物种子质量抽检合格率趋势图

（五）主要农作物种子生产情况

浙江省生产的农作物种子主要有常规水稻、杂交水稻、油菜、小麦、玉米、蔬菜、大豆、棉花等作物。2011—2015 年，全省常规水稻繁种面积和总产基本呈逐年上升的趋势；杂交水稻制种面积和总产在 2012 年达到最高，之后呈下降趋势；油菜繁种面积和总量波动较大，亩产水平明显提高；小麦繁种面积、总产和亩产均增加；玉米繁种面积、总产和亩产呈增加趋势，尤其是 2014 年和 2015 年增加尤为明显（见表 4–7）。

表 4–7 2015 年浙江省各主要农作物种子生产情况表

作物	2015 年			2015 年比 2010 年增长					
	面积 / 万亩	总产 / 万公斤	亩产 / 公斤	面积增长值 / 万亩	面积增幅 / %	总产增长值 / 万公斤	总产增幅 / %	亩产增长值 / 公斤	亩产增幅 / %
小麦	1.21	327.0	270.2	0.81	202.5	230.0	237.1	27.7	11.4
常规水稻	6.87	2541.9	370.0	2.40	53.7	981.7	62.9	21.0	6.0
杂交水稻	5.40	673.5	124.7	0.70	14.9	135.3	25.1	10.2	8.9
油菜	0.49	58.7	119.8	–0.11	–18.3	2.8	5.0	26.6	28.5
玉米	0.42	107.2	255.2	0.27	180.0	84.2	366.1	101.9	66.5
蔬菜、大豆、棉花等	4.68	330.2	70.6	1.68	56.0	154.1	87.5	11.9	20.3

1. 常规水稻

2011—2015 年，浙江省常规水稻繁种面积和总产基本呈逐年上升的趋势，其中，2014 年繁种面积和总产有所下降，2015 年恢复上升趋势。2015 年，繁种面积、总产和亩产分别为 6.87 万亩、2541.9 万公斤和 370.0 公斤，比 2010 年分别增加 53.7%、62.9% 和 6.0%（见图 4-10、图 4-11）。

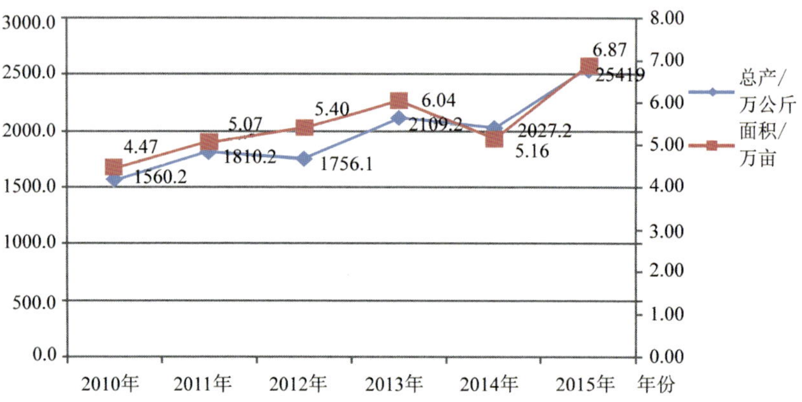

图 4-10　2010—2015 年浙江省常规水稻繁种面积和总产趋势图

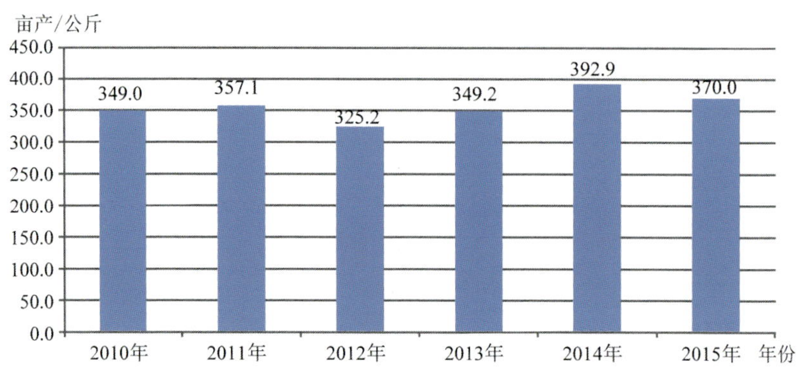

图 4-11　2010—2015 年浙江省常规水稻繁种亩产趋势图

2. 杂交水稻

2011—2015 年，浙江省杂交水稻制种面积和总产在 2012 年达到最高，之后呈下降趋势。2015 年制种面积、总产和亩产分别为 5.40 万亩、673.5 万公斤、124.7 公斤，分别比 2010 年增加 14.9%、25.1%、8.9%（见图 4–12、图 4–13、图 4–14）。这表明，“十二五”期间，全省杂交水稻制种面积呈先增后降的趋势，制种亩产和总产明显提高。

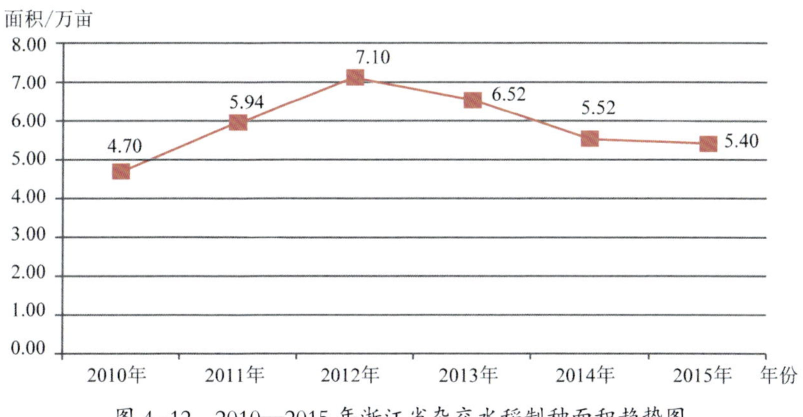

图 4–12　2010—2015 年浙江省杂交水稻制种面积趋势图

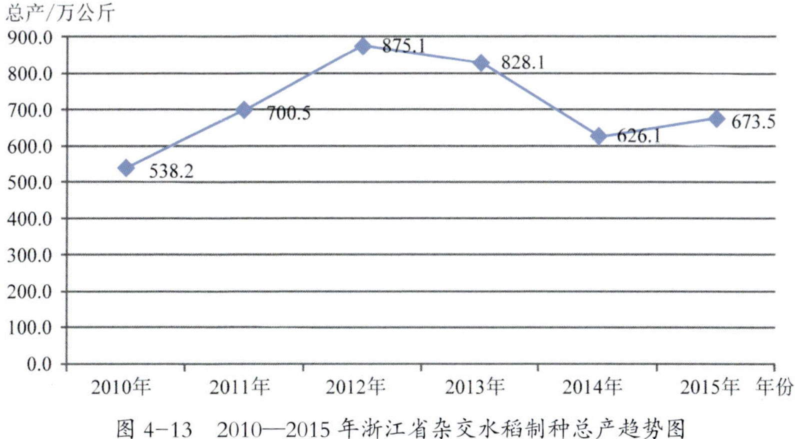

图 4–13　2010—2015 年浙江省杂交水稻制种总产趋势图

图 4-14 2010—2015 年浙江省杂交水稻制种亩产趋势图

3. 油菜

2011—2015 年，油菜繁种面积达 0.35 万 ~0.49 万亩，繁种总产达 33.2 万 ~58.7 万公斤，每年略有波动。其中，2015 年繁种面积、总产、亩产分别为 0.49 万亩、58.7 万公斤、119.8 公斤，分别比 2010 年减少 18.3%、增加 5.0%、增加 28.5%（见图 4-15、图 4-16）。这表明，"十二五"期间，全省油菜繁种面积和总产波动较大，繁种亩产水平明显提高。

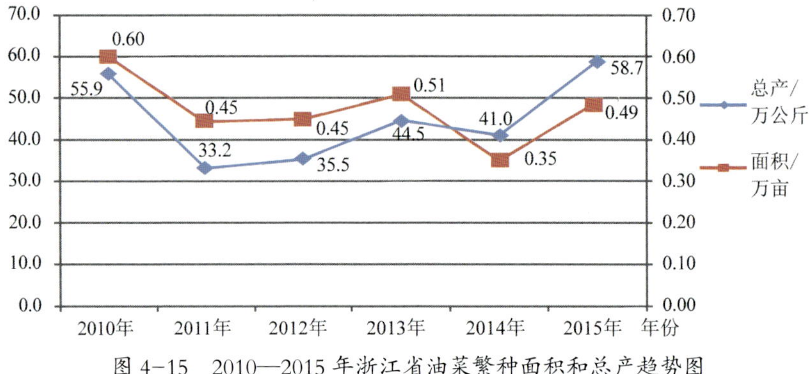

图 4-15 2010—2015 年浙江省油菜繁种面积和总产趋势图

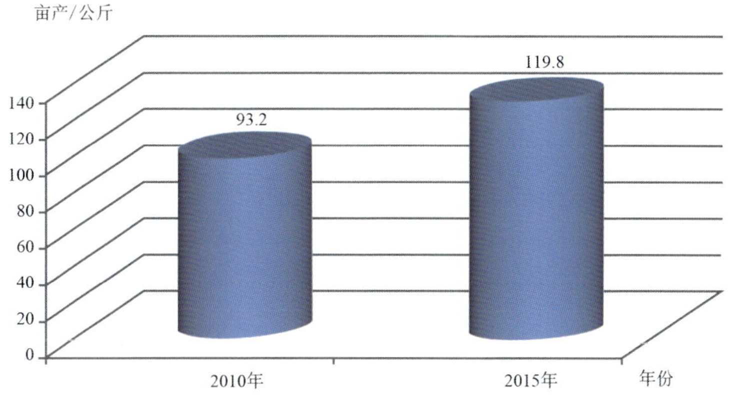

图 4-16 2010 年与 2015 年浙江省油菜繁种亩产比较图

4. 小麦

2011—2015 年，浙江省小麦繁种面积达 0.90 万 ~1.24 万亩，总产达 209.3 万 ~327.0 万公斤。其中，2015 年繁种面积和总产、亩产分别为 1.21 万亩、327.0 万公斤、270.2 公斤，比 2010 年分别增加 202.5%、237.1%、11.4%（见图 4-17、图 4-18）。这表明，"十二五"期间，全省小麦繁种面积、总产、亩产均增加。

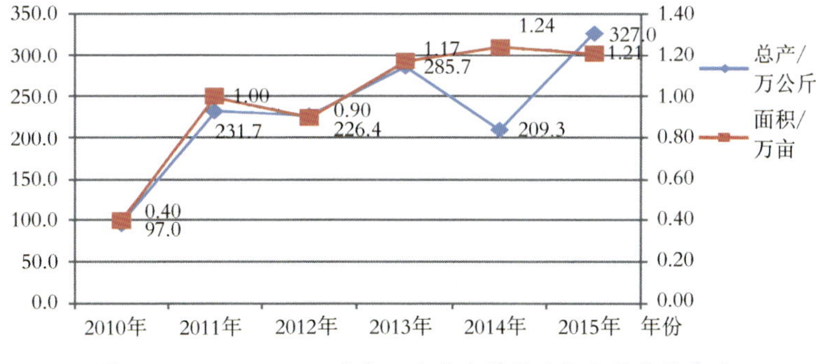

图 4-17 2010—2015 年浙江省小麦繁种面积和总产趋势图

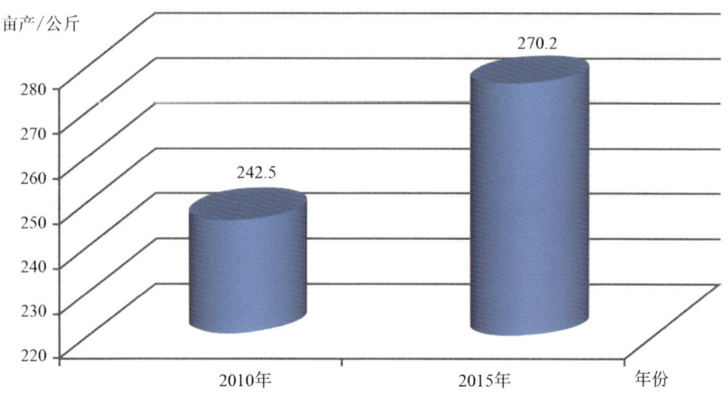

图 4-18　2010 年与 2015 年浙江省小麦繁种亩产比较图

5. 玉米

2011—2015 年，浙江省玉米繁种面积达 0.08 万 ~0.42 万亩，总产达 12.6 万 ~107.2 万公斤。其中，2015 年繁种面积、总产和亩产分别为 0.42 万亩、107.2 万公斤和 255.2 公斤，比 2010 年分别增加 180.0%、366.1% 和 66.5%（见图 4–19、图 4–20）。这表明，"十二五"期间，特别是 2014 年和 2015 年，全省玉米繁种面积、总产和亩产显著增加。

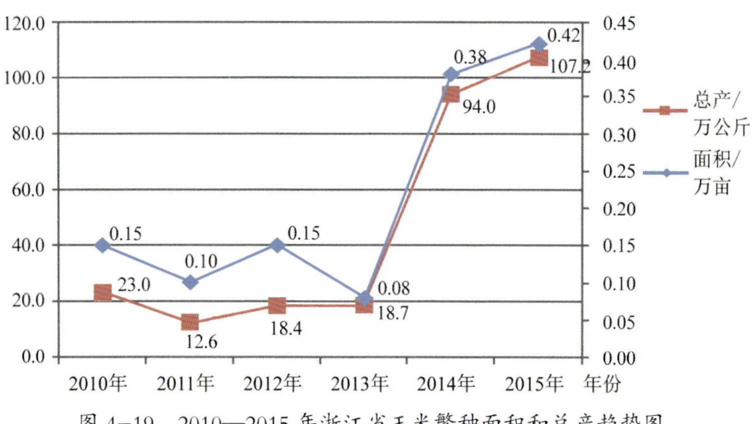

图 4-19　2010—2015 年浙江省玉米繁种面积和总产趋势图

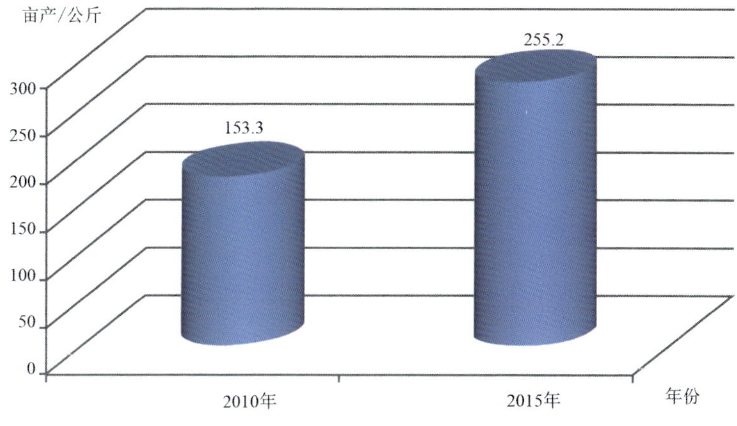

图 4-20 2010 年与 2015 年浙江省玉米繁种亩产比较图

（六）制繁种基地分布情况

1. 浙江省外制繁种面积

2011—2015 年，浙江省外制繁种基地面积达 2.82 万 ~7.38 万亩，逐年增加，其中，2015 年为 7.38 万亩，比 2010 年增加 130.6%；省内制繁种基地面积达 10.10 万 ~12.77 万亩，其中，2015 年为 11.69 万亩，比 2010 年增加 15.7%（见图 4–21）。这表明，由于省内土地租金、劳动力和生产资料成本投入相对较高，全省种业企业在省外的农作物制繁种基地面积增加较快，“走出去”步伐加快。

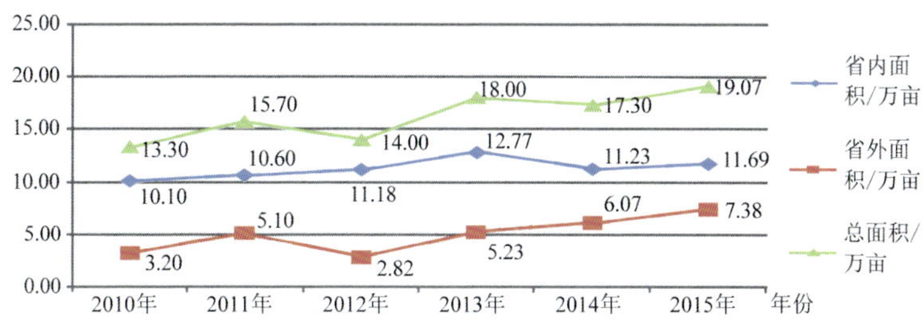

图 4-21 2010—2015 年浙江省内外制繁种面积趋势图

2. 浙江省内制繁种基地区域分布

"十二五"期间，浙江省主要农作物制繁种基地主要分布在宁波、嘉兴、绍兴、衢州、丽水等地，2015 年上述 5 个地区的制繁种基地面积分别占全省的 27.7%、22.0%、12.9%、9.5%、9.0%。2011—2015 年，宁波、嘉兴和绍兴制繁种基地面积增幅较大，2015 年这 3 个地区的制繁种基地面积分别比 2010 年增加 91.3%、59.3%、12.3%；而丽水、衢州、温州等地基地面积下降明显，降幅分别达 47.2%、26.3% 和 15.3%（见表 4–8、图 4–22、图 4–23）。其主要原因是宁波地区的甬优系列品种因需求量较大，制繁种面积大幅增加，以及嘉兴地区常规晚稻繁种面积增加。

表 4–8　2010 年与 2015 年浙江省各市主要农作物制繁种面积比较表

单位：亩

地区	2015 年	2010 年	2015 年比 2010 年增长值	2015 年比 2010 年增幅 / %
杭州市	4552	4881	–329	–6.7
宁波市	31827	16641	15186	91.3
温州市	3325	3926	–601	–15.3
嘉兴市	25244	15845	9399	59.3
湖州市	5836	6081	–245	–4.0
绍兴市	14822	13193	1629	12.3
金华市	5940	5852	88	1.5
衢州市	10947	14862	–3915	–26.3
舟山市	320	372	–52	–14.0
台州市	1781	2091	–310	–14.8
丽水市	10299	19500	–9201	–47.2

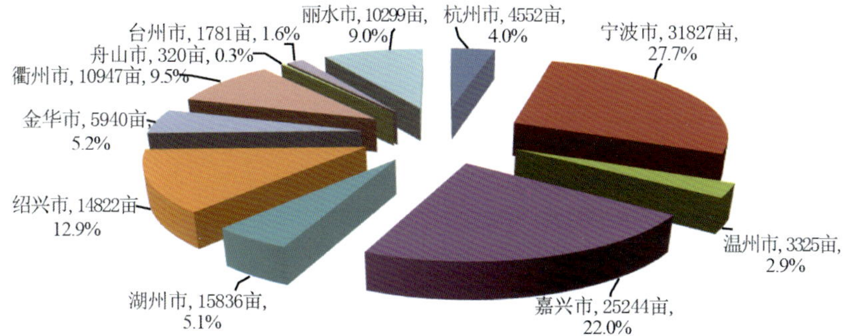

图 4-22 2015 年浙江省各市主要农作物制繁种面积分布图

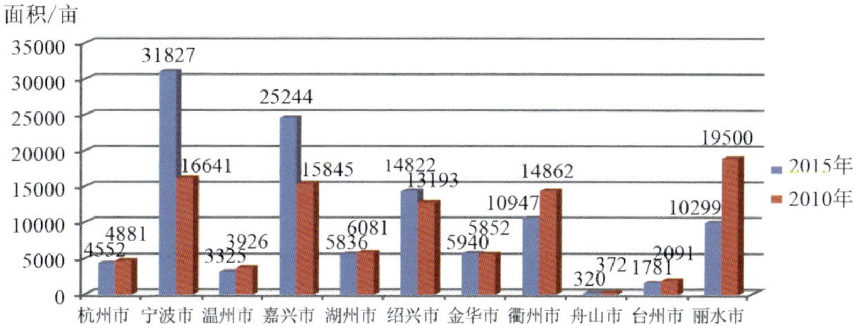

图 4-23 2010 年与 2015 年浙江省各市主要农作物制繁种面积比较图

3. 浙江省主要农作物制繁种区域分布

（1）常规水稻。由于受传统种植习惯的影响，浙江省常规水稻繁种基地主要分布在嘉兴、绍兴、衢州、金华、湖州、宁波等地。其中，2015 年上述 6 个地区常规水稻繁种面积分别为 20963 亩、9967 亩、8695 亩、4904 亩、4731 亩和 4723 亩，分别占全省的 33.4%、15.9%、13.9%、7.8%、7.5% 和 7.5%，合计达全省的 3/4 以上，繁种基地面积除宁波、舟山和杭州减少外，其他地区明显增加（见表 4-9、图 4-24、图 4-25）。

表 4-9　2010 年与 2015 年浙江省各市常规水稻繁种面积比较表

单位：亩

地区	2015 年	2010 年	2015 年比 2010 年增长值	2015 年比 2010 年增幅 / %
杭州市	3328	3442	–114	–3.3
宁波市	4723	7557	–2834	–37.5
温州市	3325	2628	697	26.5
嘉兴市	20963	13434	7529	56.0
湖州市	4731	2907	1824	62.7
绍兴市	9967	6831	3136	45.9
金华市	4904	2430	2473	101.8
衢州市	8695	4262	4433	104.0
舟山市	320	407	–87	–21.4
台州市	1781	802	979	122.0
丽水市	0	0	0	—
合计	62737	44700	18036	40.3

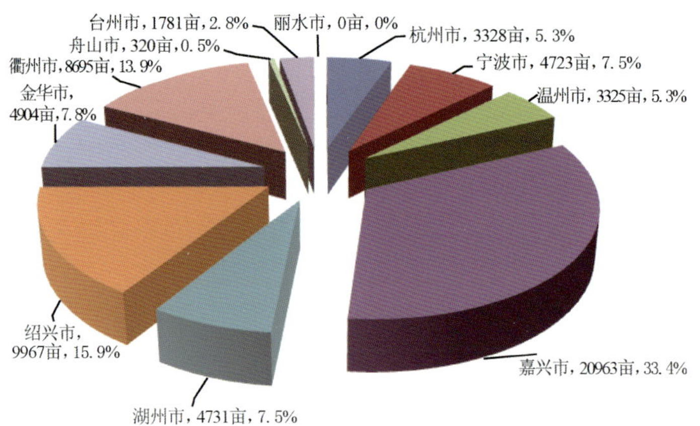

图 4-24　2015 年浙江省各市常规水稻繁种面积分布图

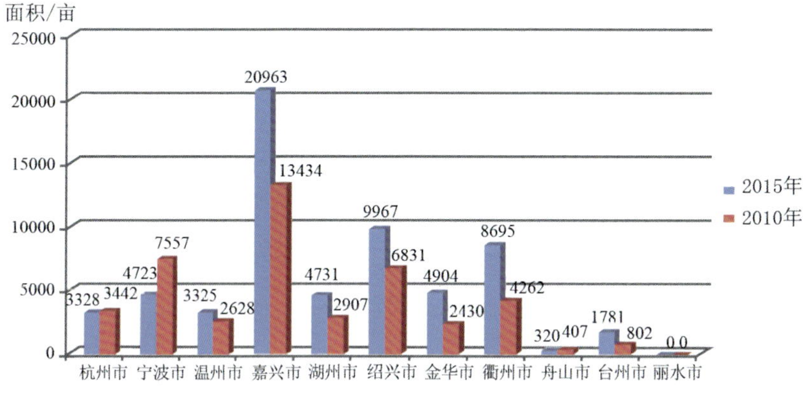

图 4-25　2010 年与 2015 年浙江省各市常规水稻繁种面积比较图

（2）**杂交水稻**。浙江省杂交水稻制种基地主要分布在宁波、丽水两地。2015 年，两地制种面积分别为 27600 亩、10299 亩，分别占全省的 65.6%、24.5%，合计约占全省的 90.1%。其中，宁波地区主要集中在宁海和奉化等地，丽水主要集中在遂昌。2011—2015 年，衢州、丽水两地杂交水稻制种基地面积大幅减少，宁波地区杂交水稻制种基地面积则增加显著（见表 4-10、图 4-26、图 4-27）。主要原因是“十二五”期间，甬优系列品种种植面积大幅增加，用种需求量增幅明显，而宁海、奉化等地制种基地连片，种植大户较多，制繁种技术成熟，甬优系列品种制种效益较高，制种基地面积增加较多；而以遂昌为主的丽水地区主要制繁中浙优系列杂交水稻品种，“十二五”期间，随着中浙优系列品种种植面积逐年减少，用种需求量相应减少，制种基地面积随之减少。

表 4-10　2010 年与 2015 年浙江省各市杂交水稻制种面积比较表

单位：亩

地区	2015 年	2010 年	2015 年比 2010 年增长值	2015 年比 2010 年增幅 / %
杭州市	306	28	278	992.9
宁波市	27600	8900	18700	210.1
温州市	0	0	0	—
嘉兴市	776	126	650	515.9
湖州市	105	0	105	—
绍兴市	995	723	272	37.6
金华市	780	0	780	—
衢州市	1202	2751	-1549	-56.3
舟山市	0	0	0	—
台州市	0	0	0	—
丽水市	10299	19500	-9201	—
合计	42063	32028	10035	31.3

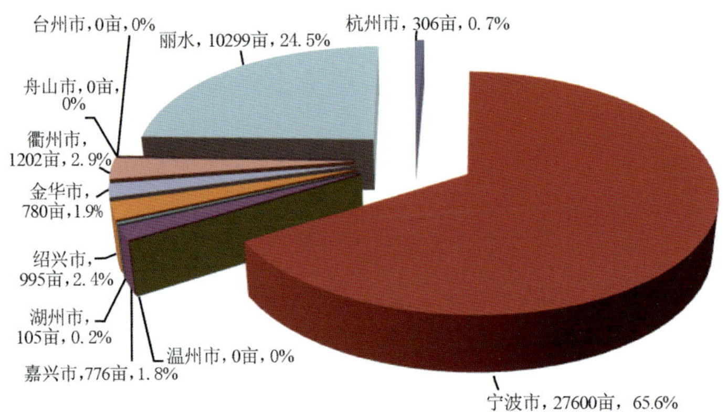

图 4-26　2015 年浙江省各市杂交水稻制种面积分布图

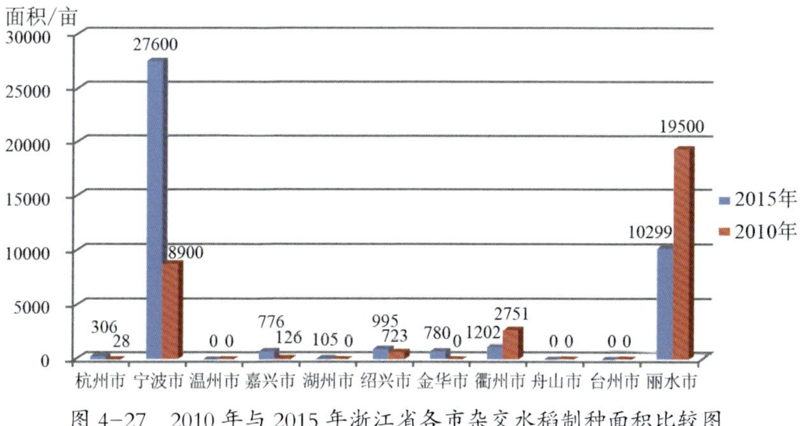

图 4-27 2010 年与 2015 年浙江省各市杂交水稻制种面积比较图

三、种子使用

2011—2015 年，浙江省主要农作物种子供应量达 2019.1 万 ~2312.3 万公斤，种子商品化率为 63.9%~77.2%。其中，2015 年种子综合商品化率为 77.2%（按播种面积计算），比 2010 年增加 17.2 个百分点（见图 4-28、图 4-29）。这同时表明，“十二五”期间，全省农作物商品种子使用率有了明显的提高，农户自留种比例进一步降低。

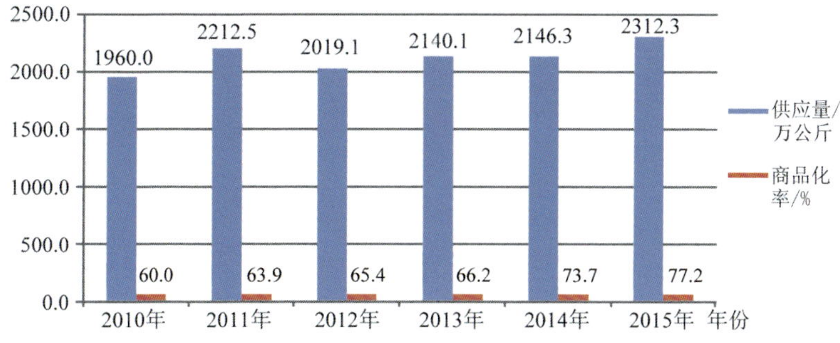

图 4-28 2010—2015 年浙江省主要农作物种子供应量和商品化率趋势图

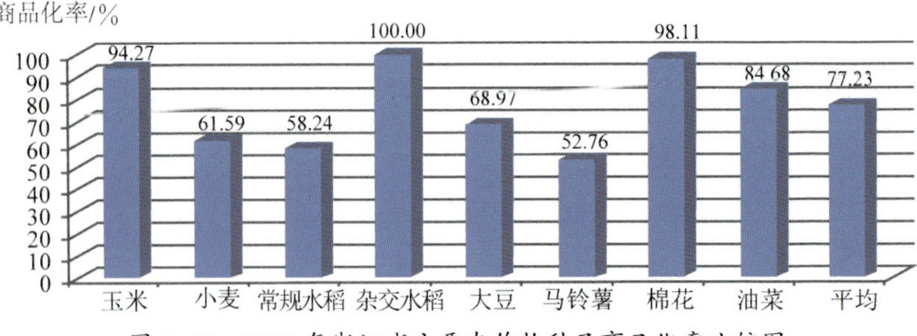

图 4-29　2015 年浙江省主要农作物种子商品化率比较图

各种农作物中，杂交水稻商品化率达 100%；棉花、玉米由于杂交品种比例较高，种子商品化率相对较高，超过 90% 以上；而小麦、常规水稻、马铃薯、大豆 4 类农作物由于属常规作物，农户自留种比例较高，种子商品化率相对较低。

四、种子价格

2011—2015 年，除杂交油菜和甜玉米种子的价格平稳外，其他农作物种子价格均有不同程度的上涨。2015 年种子的综合平均价格为 54.2 元 / 公斤，比 2010 年上涨 14.3%。其中，杂交早稻、杂交晚稻、普通玉米种子的涨幅超过 100%（见表 4-11、图 4-30）。

表 4-11　2010—2015 年浙江省主要农作物种子价格表

单位：元 / 公斤

作物	2011 年	2012 年	2013 年	2014 年	2015 年	2010 年	2015 年比 2010 年增幅 / %
小麦	5.3	5.4	5.5	5.5	5.4	4.9	10.2
大麦	5.1	4.9	4.8	4.6	4.5	4.3	4.7
常规早稻	4.6	5.4	5.3	5.8	6.2	4.6	34.8

续表

作物	2011 年	2012 年	2013 年	2014 年	2015 年	2010 年	2015 年比 2010 年增幅 / %
杂交早稻	41.0	40.0	38.0	58.0	80.0	30.9	158.9
常规晚稻	6.3	7.0	6.5	6.3	6.7	5.5	21.8
杂交晚稻	53.4	63.9	73.7	81.0	88.8	43.8	102.7
大豆	11.0	12.2	12.2	11.8	14.4	11.1	29.7
常规棉花	19.5	14.5	25.0	25.0	25.0	19.5	28.2
杂交棉花	135.0	165.3	194.9	232.1	215.6	136.8	57.6
常规油菜	52.4	77.9	85.0	74.0	80.0	52.0	53.8
杂交油菜	125.0	126.0	131.4	127.0	120.0	125.0	–4.0
普通玉米	18.3	23.3	24.8	29.4	29.2	14.1	107.1
糯玉米	56.7	65.6	72.0	64.2	69.4	58.6	18.4
甜玉米	130.0	130.6	123.0	145.0	127.5	133.6	–4.6
蚕豆	17.0	18.4	17.2	23.4	20.0	17.0	17.6
豌豆	14.8	17.7	24.7	31.0	25.0	14.0	78.6
合计	47.4	51.1	52.3	58.6	54.2	47.5	14.1

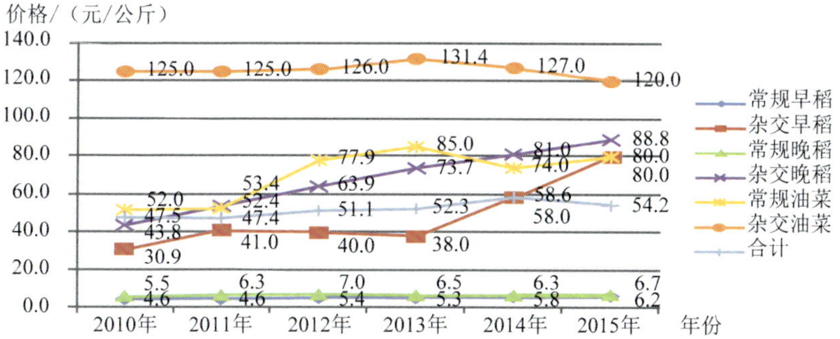

图 4-30 2010—2015 年浙江省主要农作物种子价格趋势图

五、品种推广

（一）年推广种植品种数量

2011—2015 年，浙江省每年推广种植的 8 类主要农作物品种数为 353~381 个，平均年种植品种数为 368 个。其中，常规早稻、杂交晚籼稻、常规晚粳稻种植品种数有所下降；而杂交晚粳稻、小麦、油菜、春播玉米品种数呈增加趋势；其他农作物品种数变化不大。不同农作物之间，杂交晚籼稻年品种数最多，平均达 92 个；春播西瓜、油菜、常规晚粳稻、春播大豆年品种数分别为 51 个、41 个、36 个、34 个；其他农作物年品种数均少于 30 个（见表 4–12、图 4–31）。

表 4–12　2011—2015 年浙江省主要农作物种植品种数量情况表

作物	常规早稻	杂交晚籼稻	杂交晚粳稻	常规晚粳稻	小麦	油菜	春播玉米	春播大豆	春播马铃薯	棉花	春播西瓜	合计
2011 年	28	93	23	38	18	31	14	35	5	20	48	353
2012 年	28	96	25	40	19	31	15	37	4	20	50	365
2013 年	23	98	27	35	20	49	15	31	4	25	52	379
2014 年	22	86	28	32	20	51	18	35	4	25	60	381
2015 年	21	88	29	35	22	44	19	32	4	22	46	362
2011—2015 年合计	122	461	132	180	99	206	81	170	21	112	256	1840
2011—2015 年平均	24	92	26	36	20	41	16	34	4	22	51	368

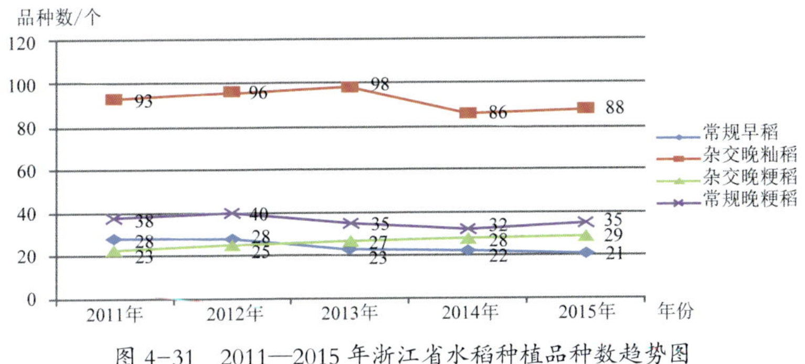

图 4-31 2011—2015 年浙江省水稻种植品种数趋势图

（二）审定品种推广

2011—2015 年，浙江省审定通过的水稻、玉米、西瓜、大豆、小麦、油菜、棉花等 7 种主要农作物 164 个品种中，省内有推广种植面积的品种累计达 100 个，占审定品种总数的 61.0%，其累计推广种植面积达 1758.9 万亩，约占总面积的 15.6%。其中，五年内省内推广种植面积累计超 5 万亩和 50 万亩的品种数分别为 27 个、9 个，分别占审定品种总数的 16.5 %、5.5 %，五年内省内推广种植面积累计超 5 万亩和 50 万亩的品种的推广种植面积分别为 1674.2 万亩、1266.9 万亩，占总面积的 14.8%、11.2%；各农作物中，除棉花外，其他 6 个农作物省内有种植面积的新审定品种数量占总推广品种数的比例均超过 50%，但推广种植面积占比不大，其中，水稻、玉米、小麦新审定品种面积占该农作物当年推广种植面积的比例分别为 21.2%、21.4%、13.5%，西瓜、大豆、油菜和棉花审定品种面积占比低于 6%（详见表 4-13、图 4-32）。

表 4-13 2011—2015 年浙江省主要农作物审定品种推广情况表

作物	累计审定品种数/个	累计总面积/万亩	有种植面积的品种				累计种植面积超 5 万亩的品种				累计种植面积超 50 万亩的品种			
			品种数/个	品种数占比/%	推广种植面积/万亩	面积占比/%	品种数/个	品种数占比/%	推广种植面积/万亩	面积占比/%	品种数/个	品种数占比/%	推广种植面积/万亩	面积占比/%
水稻	91	6646.4	50	54.9	1410.6	21.2	18	19.8	1368.1	20.6	7	7.7	1132.8	17.0
玉米	31	702.5	24	77.4	150.2	21.4	3	9.7	126.6	18.0	1	3.2	67.6	9.6
西瓜	13	662.7	10	76.9	8.7	1.3	0	0.0	0.0	0.0	0	0.0	0.0	0.0
大豆	11	923.1	7	63.6	52.6	5.7	3	27.3	51.2	5.5	0	0.0	0.0	0.0
小麦	4	849.4	3	75.0	115.0	13.5	2	50.0	113.1	13.3	1	25.0	66.5	7.8
油菜	8	1415.4	4	50.0	21.4	1.5	1	12.5	15.2	1.1	0	0.0	0.0	0.0
棉花	6	97.7	2	33.3	0.4	0.4	0	0.0	0.0	0.0	0	0.0	0.0	0.0
合计	164	11297.2	100	61.0	1758.9	15.6	27	16.5	1674.2	14.8	9	5.5	1266.9	11.2

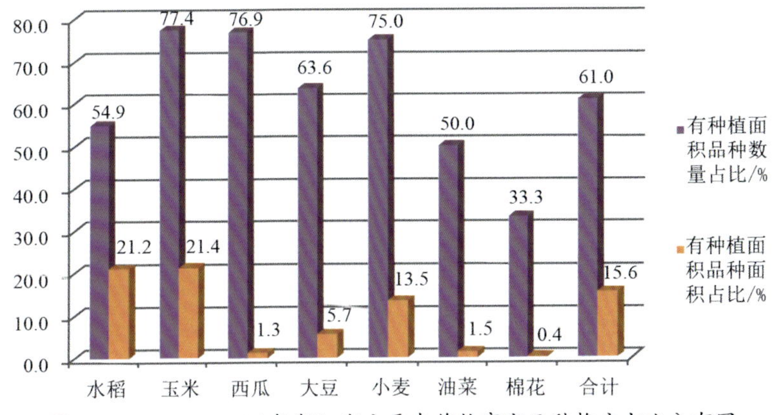

图 4-32 2011—2015 年浙江省主要农作物审定品种推广占比分布图

（三）品种集聚度

2011—2015 年，浙江省省内年推广种植面积百万亩以上的品种共有 2 个（2011—2014 年的甬优 9 号和秀水 134，2015 年的秀水 134，不含省外推广种植面积）。5 年累计推广种植面积最大品种为：常规早稻的中早 39，推广种植面积达 263.6 万亩，占 28.3%；杂交晚籼稻的中浙优 1 号，推广种植面积达 301.0 万亩，占 21.6%；杂交晚粳稻的甬优 9 号，推广种植面积达 518.2 万亩，占 36.7%；常规晚粳稻的秀水 134，推广种植面积达 732.4 万亩，占 30.9%；小麦的扬麦 12，达 253.9 万亩，占 29.9%；油菜的浙油 50，推广种植面积达 363.3 万亩，占 25.7%；玉米的济单 7 号，推广种植面积达 71.2 万亩，占 29.1%；大豆的引豆 9701，推广种植面积达 94.6 万亩，占 13.3%；马铃薯的东农 303，推广种植面积达 216.6 万亩，占 68.6%；棉花的湘杂棉 3 号，推广种植面积达 20.7 万亩，占 21.2%（见表 4-14）。

表 4–14 2011—2015 年浙江省主要农作物种植面积最大品种情况表

作物	常规早稻	杂交晚籼稻	杂交晚粳稻	常规晚粳稻	小麦	油菜	玉米	大豆	马铃薯	棉花
品种名称	中早39	中浙优1号	甬优9号	秀水134	扬麦12	浙油50	济单7号	引豆9701	东农303	湘杂棉3号
累计面积/万亩	263.6	301.0	518.2	732.4	253.9	363.3	71.2	94.6	216.6	20.7
占比/%	28.3	21.6	36.7	30.9	29.9	25.7	29.1	13.3	68.6	21.2

2011—2015 年，浙江省主要农作物年推广种植面积超 10 万亩的品种共有 77 个，其中，常规早稻 9 个，杂交晚稻 17 个，常规晚稻 20 个，小麦 8 个，油菜 10 个，玉米 4 个，大豆 6 个，马铃薯 3 个。其中，2015 年省内推广种植面积超 100 万亩以上的品种有 1 个，超 50 万亩以上的品种有 10 个，10 万亩以上的品种有 42 个（常规早稻 4 个，杂交晚稻 8 个，常规晚稻 9 个，小麦 6 个，油菜 7 个，玉米 2 个，大豆 3 个，马铃薯 3 个），合计种植面积占当年种植面积的 72.9%，比 2010 年增加 3.2 个百分点，品种集聚度进一步提高（详见表 4–15、附表 7）。

表 4–15 2010—2015 年浙江省年推广种植面积 10 万亩以上品种情况表

年份	2011 年	2012 年	2013 年	2014 年	2015 年	2010 年	2015 年比 2010 年增长值
100 万亩以上品种数 / 个	2	2	2	2	1	1	0

续表

年份	2011年	2012年	2013年	2014年	2015年	2010年	2015年比2010年增长值
10万亩以上品种数/个	47	45	42	41	42	53	–11
10万亩以上品种占比/%	71.0	70.3	69.7	71.9	72.9	69.7	3.2
10万亩以上杂交晚稻品种数/个	9	10	9	10	8	10	–2
10万亩以上杂交晚稻品种占比/%	69.2	72.3	74.3	78.0	76.2	62.9	13.3
10万亩以上常规早稻品种数/个	5	5	4	4	4	7	–3
10万亩以上常规早稻品种占比/%	69.5	75.0	77.9	80.4	84.7	76.7	8.0
10万亩以上常规晚稻品种数/个	14	12	12	9	9	15	–6
10万亩以上常规晚稻品种占比/%	89.4	86.1	85.9	86.2	87.3	87.2	0.1
10万亩以上小麦品种数/个	5	4	4	5	6	4	2
10万亩以上小麦占比/%	84.1	71.8	69.0	76.3	80.4	75.0	5.4
10万亩以上油菜品种数/个	7	6	6	5	7	7	0
10万亩以上油菜品种占比/%	89.7	87.0	79.3	82.0	86.8	87.2	–0.4
10万亩以上玉米品种数/个	1	2	2	2	2	2	0

续表

年份	2011年	2012年	2013年	2014年	2015年	2010年	2015年比2010年增长值
10万亩以上玉米占比/%	11.0	18.6	20.2	20.0	18.6	19.6	-1.0
10万亩以上大豆品种数/个	3	3	2	3	3	5	-2
10万亩以上大豆占比/%	31.0	28.2	18.0	24.7	23.9	43.0	-19.1
10万亩以上马铃薯品种数/个	3	3	3	3	3	3	0
10万亩以上马铃薯占比/%	91.4	91.7	92.9	93.5	92.8	83.5	9.3

2011—2015年，全省共发布水稻、玉米、大豆等8类主要农作物主导品种238个（详见附表8），年均48个，累计推广种植面积达7104.7万亩，主导品种年均推广种植面积达1420.9万亩，主导品种年均推广种植面积占比为46.6%，比2010年增加5.6个百分点。各主要农作物中，水稻、玉米、棉花、马铃薯平均占比有所提高，而大豆、油菜、小麦主导品种平均占比有所下降。其中，水稻累计发布119个，年均24个，累计推广种植面积达4688.8万亩，年均推广种植面积达937.8万亩，比2010年增加5.2万亩，年均占比为72.6%，比2010年增加7.2个百分点，品种集聚度明显提高（详见表4-16）。

表 4-16 2010—2015 年浙江省主要农作物主导品种推广情况表

作物	项目	2011 年	2012 年	2013 年	2014 年	2015 年	2010 年	2015 年比 2010 年增长值	2011—2015 年合计	2011—2015 年平均
水稻	面积 / 万亩	959.2	990.7	902.0	997.7	839.2	932.6	–93.4	4688.8	937.8
	数量 / 个	25	25	24	24	21	26	–5	119	24
	面积占比 / %	70.0	73.7	68.7	78.5	72.3	65.4	6.9	—	72.6
玉米	面积 / 万亩	30.1	33.2	35.1	35.2	28.5	30.2	–1.7	162.0	32.4
	数量 / 个	5	6	6	6	6	6	0	30	6
	面积占比 / %	21.3	22.7	27.0	25.0	19.7	21.1	–1.4	—	23.1
大豆	面积 / 万亩	61.5	61.1	38.6	34.8	10.9	75.2	–64.3	206.9	41.4
	数量 / 个	5	5	5	4	4	5	–1	23	5
	面积占比 / %	30.9	31.1	21.4	19.8	6.3	35.5	–29.1	—	21.9
油菜	面积 / 万亩	211.3	208.0	173.9	176.0	160.1	220.8	–60.8	929.3	185.9
	数量 / 个	4	4	4	4	4	4	0	20	4
	面积占比 / %	68.9	71.3	64.6	63.8	58.9	68.2	–9.2	—	65.5
西瓜	面积 / 万亩	76.4	72.6	70.9	62.4	57.8	81.2	–23.4	340.1	68.0
	数量 / 个	4	4	4	4	4	4	0	20	4
	面积占比 / %	52.0	51.6	51.0	50.0	52.2	51.5	0.6	—	51.3

续表

作物	项目	2011 年	2012 年	2013 年	2014 年	2015 年	2010 年	2015 年比 2010 年增长值	2011—2015 年合计	2011—2015 年平均
小麦	面积 / 万亩	86.0	85.6	75.4	69.5	93.4	82.8	10.6	409.8	82.0
	数量 / 个	2	2	2	2	3	2	1	11	2
	面积占比 / %	54.8	50.1	43.4	40.0	53.6	55.6	–2.0	—	48.4
棉花	面积 / 万亩	4.1	4.3	2.3	1.2	1.2	2.0	–0.8	13.1	2.6
	数量 / 个	1	1	1	1	2	2	0	6	1
	面积占比 / %	15.9	17.4	11.5	7.3	11.1	7.1	4.0	—	12.6
马铃薯	面积 / 万亩	72.5	69.0	69.9	73.5	69.8	20.4	49.5	354.8	71.0
	数量 / 个	2	2	2	2	2	1	1	10	2
	面积占比 / %	76.0	76.4	77.1	80.4	78.4	23.5	54.9	—	77.6
合计	面积 / 万亩	1501.2	1524.4	1368.0	1450.2	1261.0	1445.2	–184.2	7104.7	1420.9
	数量 / 个	48	49	48	47	46	50	–4	238	48
	面积占比 / %	48.7	49.3	45.6	45.6	44.1	41.0	3.1	—	46.6

（四）主要农作物品种推广情况

1. 常规早稻

2011—2015年，浙江省常规早稻品种集聚度呈逐年上升的趋势。2011—2015年，推广种植面积排名前五位品种（以下简称前五品种）的年均种植面积达149.2万亩，占总面积的80.2%，比2010年增加14.6个百分点。其中，2015年推广种植面积前五品种的种植面积达140.9万亩，占总面积的88.2%，比2010年增加22.7个百分点（见表4-17、图4-33）。5年间推广种植面积10万亩以上的品种有9个。5年内累计种植面积超过100万亩的品种有中早39、中嘉早17和金早47；年推广种植面积10万亩以上的品种有4个，合计种植面积达135.3万亩，占比为84.7%，比2010年增8.0个百分点。“十二五”期间，全省早稻主栽品种集聚度更高。

表4-17 2010—2015年浙江省常规早稻推广种植面积前五品种情况表

单位：万亩

年份	总面积	前五品种面积	占比/%
2011年	191.6	133.1	69.5
2012年	187.4	140.6	75.0
2013年	196.5	162.7	82.8
2014年	197.7	168.5	85.3
2015年	159.7	140.9	88.2
2010年	207.3	135.9	65.6
2011—2015年平均	186.6	149.2	80.2
2015年比2010年增长值	-47.6	5.0	22.7

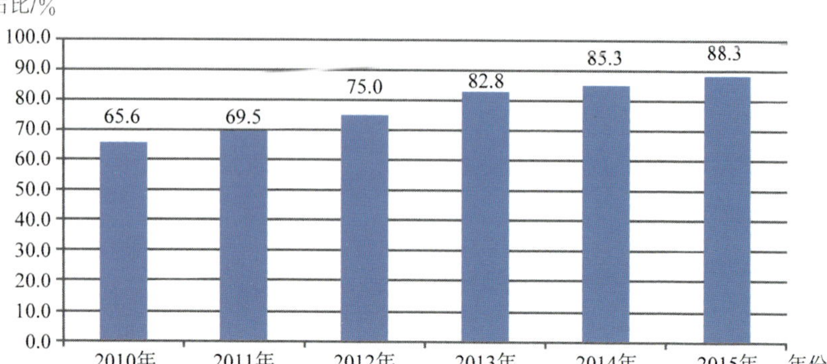

图 4-33　2010—2015 年浙江省常规早稻推广种植面积前五品种占比趋势图

2. 常规晚稻

2011—2015 年，浙江省常规晚稻种植面积前五品种占比逐年上升。2011—2015 年，前五品种年均种植面积达 342.5 万亩，平均占比为 65.6%，比 2010 年增加 16.1 个百分点。其中，2015 年前五品种的种植面积达 338.9 万亩，占比为 73.2%，比 2010 年增加 23.7 个百分点（见表 4-18、图 4-34）。5 年间年推广种植面积 10 万亩以上的品种有 20 个，其中，2015 年 9 个，合计种植面积达 404.4 万亩，占比为 87.3%，与 2010 年接近；5 年内累计种植面积超过 100 万亩的品种有秀水 134、浙粳 88、嘉 58、宁 88、宁 81 等。

表 4-18　2010—2015 年浙江省常规晚稻推广种植面积前五品种情况表

单位：万亩

年份	总面积	前五品种面积	占比 / %
2011 年	578.3	359.0	62.1
2012 年	564.9	351.1	62.2
2013 年	516.5	322.2	62.4

续表

年份	总面积	前五品种面积	占比 / %
2014 年	501.0	341.2	68.1
2015 年	463.1	338.9	73.2
2010 年	608.5	301.2	49.5
2011—2015 年平均	524.8	342.5	65.6
2015 年比 2010 年增长值	−145.4	37.7	23.7

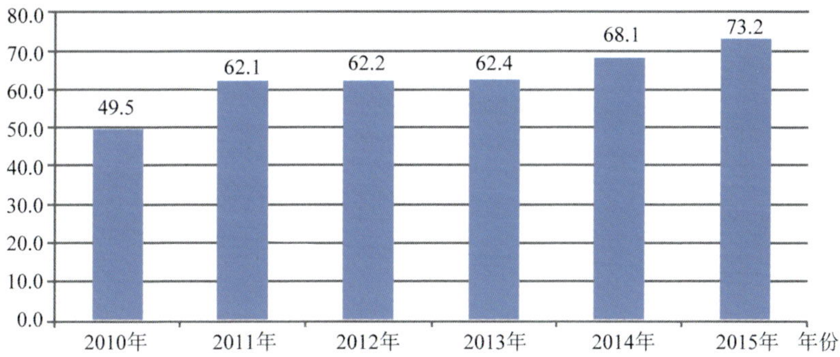

图 4-34　2010-2015 年浙江省常规晚稻推广种植面积前五品种占比趋势图

3. 杂交晚稻

2011—2015 年，浙江省杂交晚稻种植面积由 589.3 万亩下降至 536.0 万亩，呈下降趋势，2015 年比 2010 年下降了 10.3%。其中，杂交晚籼稻品种面积下降明显，2015 年比 2010 年下降 53.8%；而杂交晚粳稻面积则大幅增加，2015 年比 2010 年增加 88.7%（见表 4-19、图 4-35）。

表 4-19　2010—2015 年浙江省杂交晚稻推广种植面积前五品种情况表

单位：万亩

年份	杂交晚稻			杂交晚籼稻			杂交晚粳稻		
	总面积	前五品种面积	占比 / %	总面积	前五品种面积	占比 / %	总面积	前五品种面积	占比 / %
2011 年	589.3	348.9	59.2	377.2	235.1	62.3	212.1	177.2	83.5
2012 年	585.1	363.1	62.0	330.8	204.1	61.7	254.4	217.1	85.4
2013 年	596.2	396.8	66.6	276.9	181.0	65.4	319.8	267.3	83.6
2014 年	570.5	358.9	62.9	229.6	151.4	65.9	340.9	279.4	81.9
2015 年	536.0	317.9	59.3	192.1	131.9	68.6	343.9	281.4	81.8
2010 年	597.7	285.9	47.8	415.5	226.9	54.6	182.2	121.3	66.5
2015 年比 2010 年增长值	−61.8	32.0	11.5	−223.4	−95.0	14.0	161.6	160.2	15.3
2015 年比 2010 年增幅 / %	−10.3	11.2	24.0	−53.8	−41.9	25.7	88.7	132.0	23.0

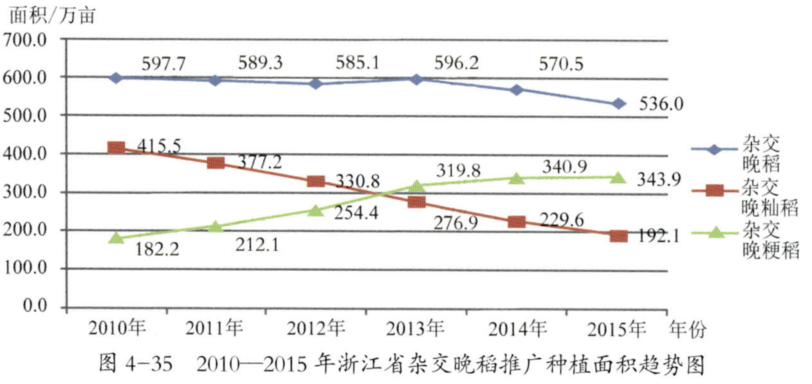

图 4-35　2010—2015 年浙江省杂交晚稻推广种植面积趋势图

杂交晚稻推广种植面积前五品种的种植面积占比明显提高。5 年间省内年推广种植面积 10 万亩以上的品种有 17 个。2015 年，前五品种的推广种植面积占比为 59.3%，比 2010 年增加 11.5%，10 万亩以上品种有 8 个，推广种植面积占比为 76.2%，比 2010 年增加 13.7%。其中，2015 年杂交晚籼稻和杂交晚粳稻推广种植面积前五品种的推广种植面积占比均比 2010 年增加，分别增加 14.0 个百分点和 15.3 个百分点（见图 4-36）。这表明，“十二五”期间，全省杂交晚稻主栽品种集聚度进一步增加。

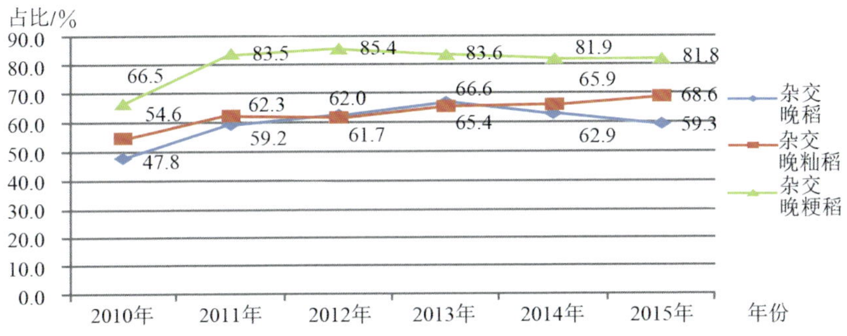

图 4-36　2010—2015 年浙江省杂交晚稻推广种植面积前五品种占比趋势图

4. 油菜

2011—2015 年，浙江省油菜种植面积由 306.8 万亩下降至 271.6 万亩，呈逐年下降趋势；前五品种的种植面积占比为 75.6% ~ 82.0%。其中，2015 年，前五品种的种植面积占比为 78.0%，与 2010 年相近（见表 4-20、图 4-37）。5 年间省内年推广种植面积 10 万亩以上的品种共有 10 个，其中，2015 年，省内年推广种植面积 10 万亩以上的品种有 7 个，种植面积达 235.7 万亩，占比为 86.7%，与 2010 年基本接近。这表明，“十二五”期间，全省油菜种植品种集聚度呈波动状态。

表 4-20　2010—2015 年浙江省油菜推广种植面积前五品种情况表

单位：万亩

年份	总面积	前五品种面积	占比 / %
2011 年	306.8	245.3	80.0
2012 年	291.9	237.0	81.2
2013 年	269.0	203.4	75.6
2014 年	276.0	226.3	82.0
2015 年	271.6	212.0	78.0
2010 年	327.5	255.7	78.1
2015 年比 2010 年增长值	–55.9	–43.8	–0.1
2015 年比 2010 年增幅 / %	–17.1	–17.1	–0.1

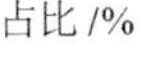

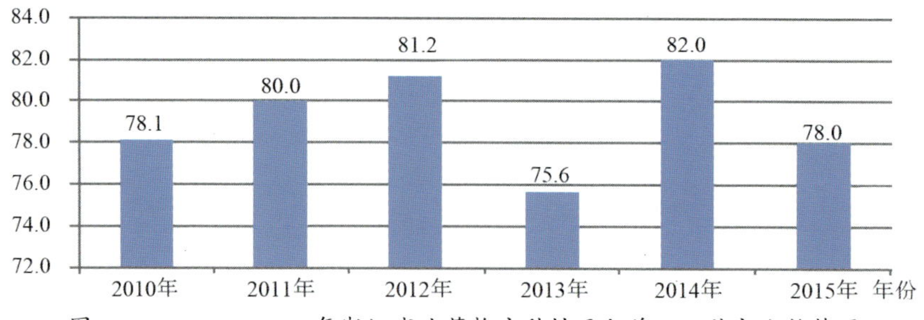

图 4-37　2010—2015 年浙江省油菜推广种植面积前五品种占比趋势图

第五篇　种业企业发展

一、企业数量

2011—2015 年，浙江省种业企业数量由 103 家减少至 83 家，呈逐年减少的态势（见图 5–1）。2015 年，持证种业企业有 83 家，比 2010 年减少 37 家，减幅为 30.8%，其中，部级发证 4 家，省级发证 13 家，市级发证 32 家，县级发证 34 家。这表明，自 2011 年国务院印发《关于加快推进现代农作物种业发展的意见》（国发〔2011〕8 号）文件以来，随着国家对优势骨干企业的扶持力度的加大，同时通过颁布新农作物种子生产经营许可管理办法，提高了种子生产经营许可门槛，特别是对注册资本金及企业固定资产比例进行设定后，全省优势骨干企业加快兼并重组步伐，而一大批注册资金规模小、无固定资产、经营效益差的企业被加速淘汰，持证企业总量明显减少。

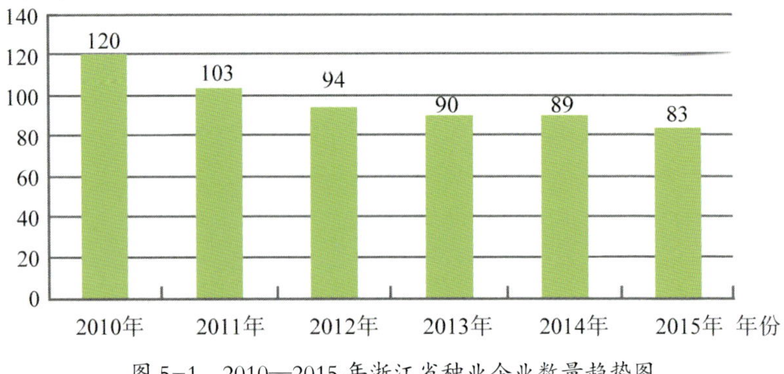

图 5-1 2010—2015 年浙江省种业企业数量趋势图

二、企业规模

2015 年，浙江省注册资本金 3000 万元及以上的企业有 14 家，500 万 ~ 3000 万元（含 500 万元）的有 33 家，100 万 ~ 500 万元（含 100 万元）的有 36 家，分别比 2010 年增加 9 家、增加 7 家、减少 53 家，增幅分别为 180.0%、26.9%、-59.6%。其中，注册资本金 500 万元以上的规模企业数量明显增加，而注册资本金 500 万元以下的小企业数量明显减少（见表 5-1、图 5-2）。这表明，“十二五”期间，全省种业企业逐步向规模化方向发展。

表 5-1 2010—2015 年浙江省种业企业群体结构情况表

单位：家

企业规模	2011 年	2012 年	2013 年	2014 年	2015 年	2010 年	2015 年比 2010 年增长值	2015 年比 2010 年增幅 / %
3000 万元及以上企业	8	9	13	12	14	5	9	180.0

续表

企业规模	2011年	2012年	2013年	2014年	2015年	2010年	2015年比2010年增长值	2015年比2010年增幅/%
500万~3000万元（含500万元）企业	28	30	30	33	33	26	7	26.9
100万~500万元（含100万元）企业	67	55	47	44	36	89	-53	-59.6
合计	103	94	90	89	83	120	-37	-30.8

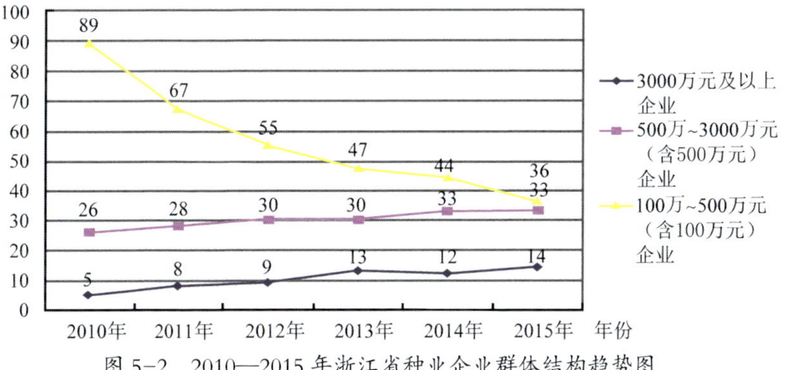

图 5-2　2010—2015 年浙江省种业企业群体结构趋势图

三、企业资产

2015 年，浙江省 83 家持证种业企业注册资本金总额为 8.22 亿元，比 2010 年 120 家企业注册资本金总额增加 2.29 亿元，增幅为 38.7%，企业平均注册资本金为 990.1 万元 / 家，比 2010 年的 493.7

万元/家增加100.5%（见表5–2）。这表明，“十二五”期间，全省种业企业资产规模逐步增加。

表5–2 2010—2015年浙江省企业注册资本金情况表

年份	企业数/家	注册资本金合计/万元	平均注册资本金/（万元/家）
2011年	103	78072.3	758.0
2012年	94	70701.7	752.1
2013年	90	85503.6	950.0
2014年	89	79259.6	890.6
2015年	83	82180.6	990.1
2010年	120	59248.5	493.7
2015年比2010年增长值	–37	22932.1	496.4
2015年比2010年增幅/%	–30.8	38.7	100.5

2015年，浙江省83家种业企业总资产达308441.6万元，比2010年减少9.2%；企业平均资产总额达3716.2万元/家，比2010年增加31.2%（见表5–3）。

表5–3 2010—2015年浙江省种业企业资产情况表

年份	企业数/家	企业总资产/万元	平均资产额/（万元/家）
2011年	103	445583.1	4326.0
2012年	94	201538.6	2144.0
2013年	90	289663.1	3218.5
2014年	89	265279.3	2980.7

续表

年份	企业数 / 家	企业总资产 / 万元	平均资产额 / (万元 / 家)
2015 年	83	308441.6	3716.2
2010 年	120	339793.4	2831.6
2015 年比 2010 年增长值	–37	–31352.0	884.6
2015 年比 2010 年增幅 /%	–30.8	–9.2	31.2

四、企业销售

（一）总体情况

2011—2015 年，浙江省种业企业经营情况详见表 5–4。2015 年，全省种业企业销售额和销售量分别为 111193.7 万元和 5248.4 万公斤，分别比 2010 年增加 129.8% 和 35.3%（见图 5–3）；企业平均销售量和平均销售额分别为 63.2 万公斤 / 家和 1339.7 万元 / 家，比 2010 年分别增加 95.5%、232.2%（见图 5–4）。这表明，在全省企业总体数量减少的情况下，销售额呈持续上升的趋势，而销售量呈前期上升较快、后期趋缓的态势。

表 5–4　2010—2015 年浙江省种业企业经营情况表

年份	企业数 / 家	销售量		销售额	
		总额 / 万公斤	企业平均 / (万公斤 / 家)	总额 / 万元	企业平均 / (万元 / 家)
2011 年	103	4394.2	42.7	61878.8	600.8
2012 年	94	5374.5	57.2	79319.0	843.8

续表

年份	企业数/家	销售量		销售额	
		总额/万公斤	企业平均/(万公斤/家)	总额/万元	企业平均/(万元/家)
2013年	90	5505.9	61.2	92071.3	1023.0
2014年	89	5109.2	57.4	102180.6	1148.1
2015年	83	5248.4	63.2	111193.7	1339.7
2010年	120	3878.8	32.3	48387.6	403.2
2015年比2010年增长值	-37	1369.6	30.9	62806.1	936.5
2015年比2010年增幅/%	-30.8	35.3	95.5	129.8	232.2

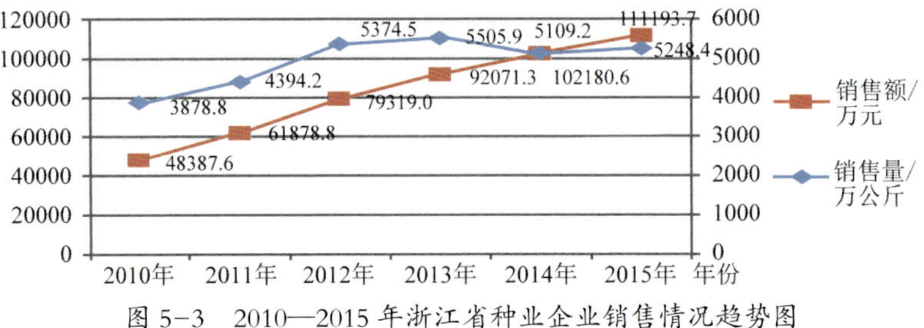

图 5-3　2010—2015 年浙江省种业企业销售情况趋势图

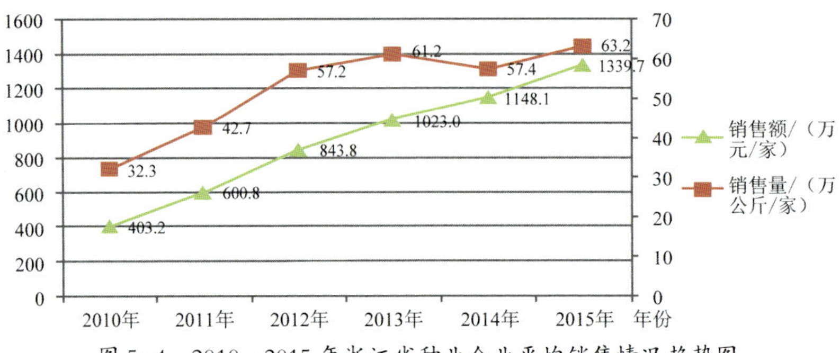

图 5-4　2010—2015 年浙江省种业企业平均销售情况趋势图

（二）主要农作物种子销售情况

1. 常规水稻

2011—2015 年，浙江省种业企业常规水稻种子销售量和销售额呈显著上升的趋势。其中，2015 年销售量和销售额分别比 2010 年增加 79.9% 和 112.2%（见表 5–5、图 5–5）。

表 5–5　2010—2015 年浙江省种业企业常规水稻种子销售情况表

年份	销售量 / 万公斤	销售额 / 万元
2011 年	1794.1	7485.4
2012 年	1940.4	7802.5
2013 年	2338.8	8982.5
2014 年	2377.9	10262.9
2015 年	2999.3	13383.8
2010 年	1667.5	6307.5
2015 年比 2010 年增长值	1331.8	7076.3
2015 年比 2010 年增幅 /%	79.9	112.2

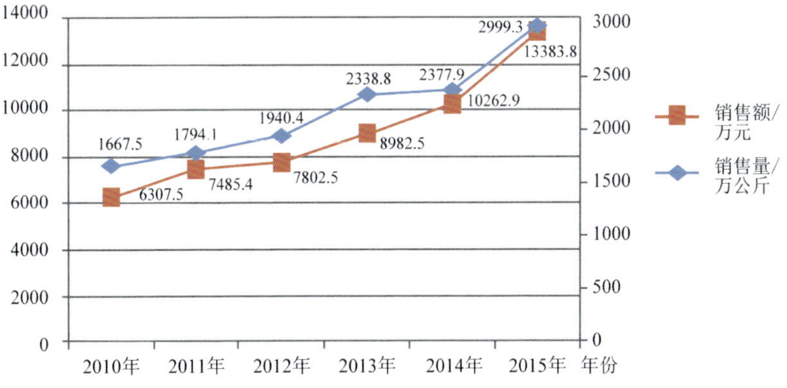

图 5–5　2010—2015 年浙江省种业企业常规水稻种子销售情况趋势图

2. 杂交水稻

2011—2015 年，浙江省种业企业杂交水稻种子销售量和销售额呈显著上升的趋势。其中，2015 年销售量和销售额分别比 2010 年增加 17.7% 和 125.9%（见表 5-6、图 5-6）。

表 5-6　2010—2015 年浙江省种业企业杂交水稻种子销售情况表

年份	销售量 / 万公斤	销售额 / 万元
2011 年	775.3	24286.6
2012 年	883.2	31269.9
2013 年	748.8	38168.7
2014 年	857.6	42960.2
2015 年	815.0	36773.4
2010 年	692.2	16278.2
2015 年比 2010 年增长值	122.8	20495.2
2015 年比 2010 年增幅 /%	17.7	125.9

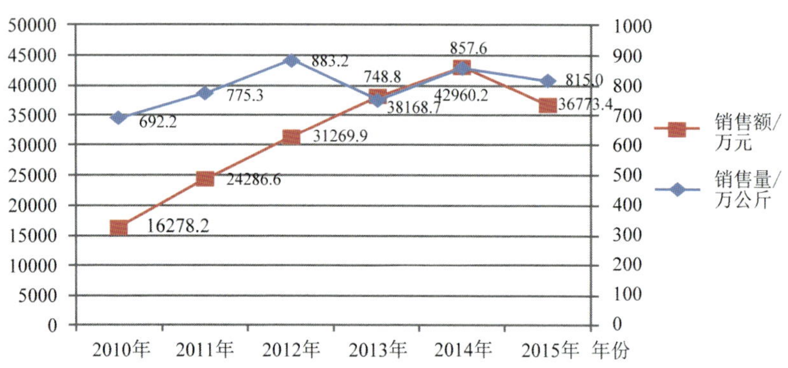

图 5-6　2010—2015 年浙江省种业企业杂交水稻种子销售情况趋势图

3. 小麦

2011—2015 年，浙江省种业企业小麦种子销售量和销售额呈显著上升的趋势。其中，2015 年销售量和销售额分别比 2010 年增加 200.2% 和 215.5%（见表 5-7、图 5-7）。

表 5-7　2010—2015 年浙江省种业企业小麦种子销售情况表

年份	销售量 / 万公斤	销售额 / 万元
2011 年	356.4	1308.4
2012 年	499.0	1768.1
2013 年	437.8	1651.8
2014 年	564.3	2299.3
2015 年	687.1	2779.8
2010 年	228.9	881.1
2015 年比 2010 年增长值	458.2	1898.7
2015 年比 2010 年增幅 /%	200.2	215.5

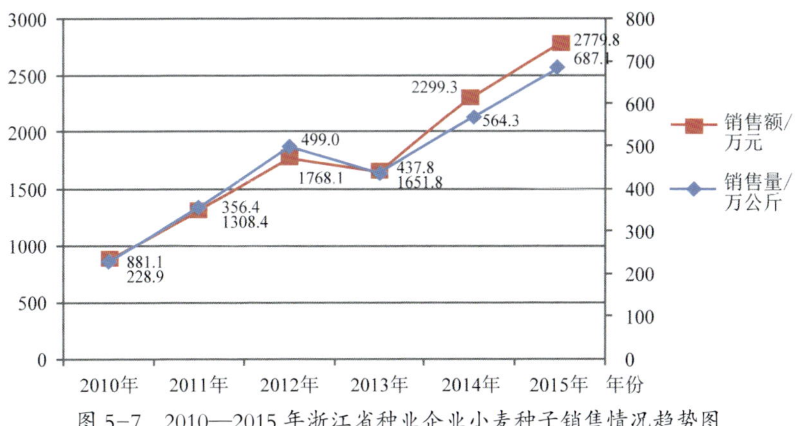

图 5-7　2010—2015 年浙江省种业企业小麦种子销售情况趋势图

4. 玉米

2011—2015 年，浙江省种业企业玉米种子销售量和销售额波动较大，但呈上升的趋势。其中，2015 年销售量和销售额分别比 2010 年增加了 3.0% 和 76.9%（见表 5–8、图 5–8）。

表 5–8　2010—2015 年浙江省种业企业玉米种子销售情况表

年份	销售量 / 万公斤	销售额 / 万元
2011 年	109.2	2689.7
2012 年	86.7	2852.7
2013 年	121.0	3473.9
2014 年	142.7	4288.2
2015 年	105.5	3542.1
2010 年	102.4	2002.0
2015 年比 2010 年增长值	3.1	1540.1
2015 年比 2010 年增幅 / %	3.0	76.9

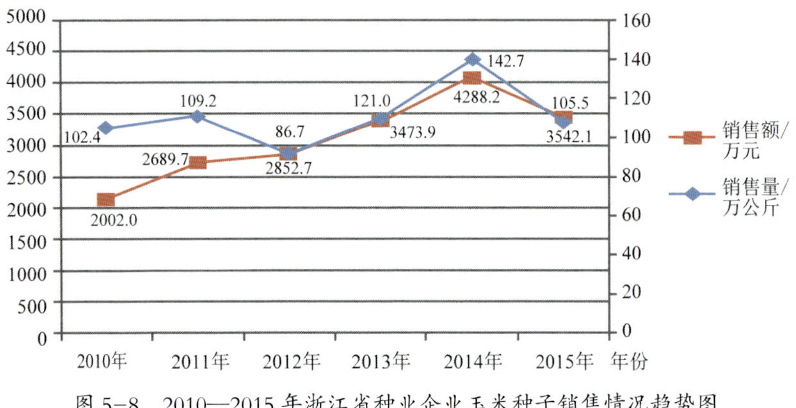

图 5–8　2010—2015 年浙江省种业企业玉米种子销售情况趋势图

5. 大豆

2011—2015 年，浙江省种业企业大豆种子销售量和销售额呈显著上升的趋势。其中，2015 年销售量和销售额分别比 2010 年增加了 88.4% 和 128.0%（见表 5-9、图 5-9）。

表 5-9　2010—2015 年浙江省种业企业大豆种子销售情况表

年份	销售量 / 万公斤	销售额 / 万元
2011 年	54.8	324.6
2012 年	39.2	465.1
2013 年	72.2	547.7
2014 年	97.9	1005.5
2015 年	94.8	1040.3
2010 年	50.3	456.2
2015 年比 2010 年增长值	44.5	584.1
2015 年比 2010 年增幅 / %	88.4	128.0

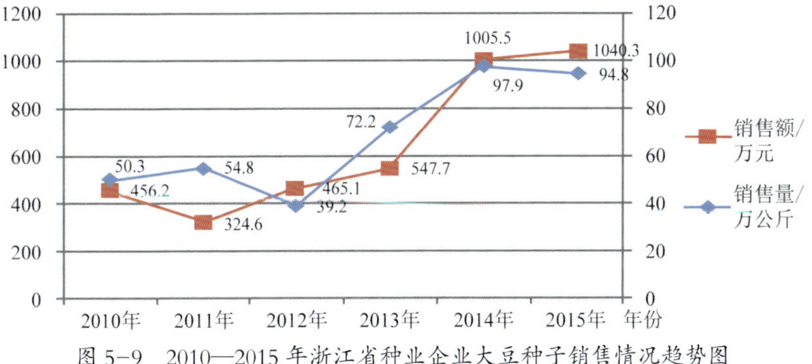

图 5-9　2010—2015 年浙江省种业企业大豆种子销售情况趋势图

6. 油菜

2011—2015 年，浙江省种业企业油菜种子销售量平稳，但销售额呈显著上升的趋势。其中，2015 年销售量和销售额分别比 2010 年增加了 1.4% 和 79.4%（见表 5–10、图 5–10）。

表 5–10　2010—2015 年浙江省种业企业油菜种子销售情况表

年份	销售量 / 万公斤	销售额 / 万元
2011 年	58.9	905.0
2012 年	61.7	1120.9
2013 年	67.0	1384.6
2014 年	47.8	1231.3
2015 年	58.7	1304.6
2010 年	57.9	727.3
2015 年比 2010 年增长值	0.8	577.3
2015 年比 2010 年增幅 / %	1.4	79.4

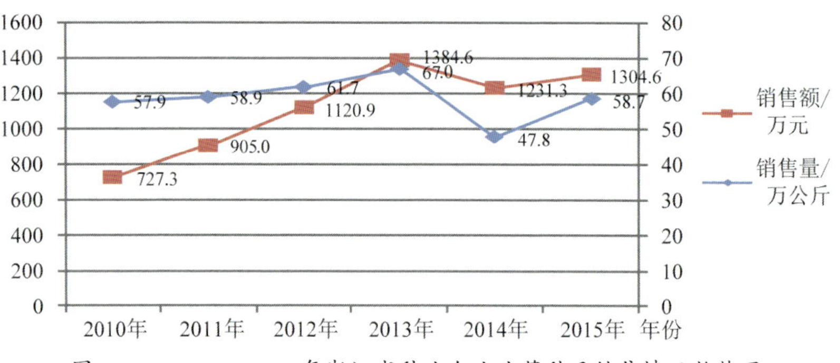

图 5–10　2010—2015 年浙江省种业企业油菜种子销售情况趋势图

7. 蔬菜

2011—2015 年，浙江省种业企业蔬菜种子销售量有所减少，但销售额呈显著上升趋势。其中，2015 年销售量和销售额分别比 2010 年减少 28.0% 和增加 87.8%（见表 5-11、图 5-11）。其原因主要是蔬菜种子销售价持续上升。

表 5-11　2010—2015 年浙江省种业企业蔬菜种子销售情况表

年份	销售量 / 万公斤	销售额 / 万元
2011 年	264.6	12081.8
2012 年	298.0	15322.9
2013 年	269.9	17149.2
2014 年	307.5	21581.6
2015 年	215.3	22620.3
2010 年	298.9	12046.0
2015 年比 2010 年增长值	-83.6	10574.3
2015 年比 2010 年增幅 / %	-28.0	87.8

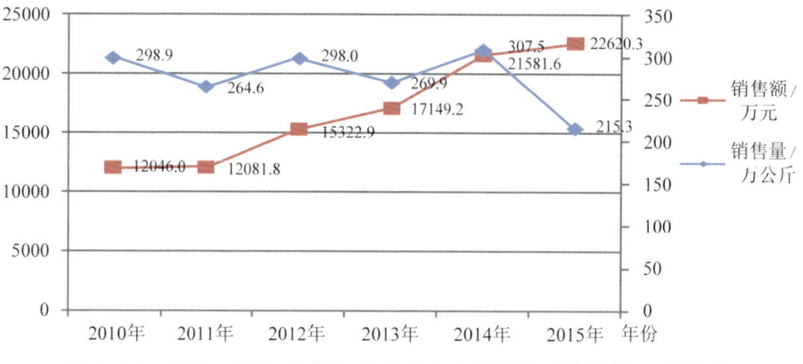

图 5-11　2010—2015 年浙江省种业企业蔬菜种子销售情况趋势图

（三）销售前十位企业

1. 销售量前十位企业

2015 年，浙江省种业销售量前十位企业分别为浙江勿忘农种业股份有限公司、宁波市种子有限公司等 10 家企业（见表 5-12），平均注册资本金为 3243.3 万元，平均销售量为 428.4 万公斤，为全省平均销售量的 6.8 倍，前十位企业销售量合计为 4283.9 万公斤，占全省总销售量的 81.6%（见表 5-13）。

表 5-12　2015 年浙江省种业销售量前十位企业名单

序号	企业名称
1	浙江勿忘农种业股份有限公司
2	宁波市种子有限公司
3	绍兴市舜达种业有限公司
4	浙江农科种业有限公司
5	杭州市良种引进公司
6	平湖市惠农种业有限责任公司
7	嘉兴市绿农种子有限公司
8	浙江可得丰种业有限公司
9	金华三才种业公司
10	嘉善县种子公司

表 5-13　2015 年浙江省种业销售量前十位企业销售量占比情况表

项目	销售量 / 万公斤
前十位企业平均	428.4

续表

项目	销售量 / 万公斤
全省平均	63.2
前十位企业合计	4283.9
全省合计	5248.4
前十位企业合计占比 / %	81.6

2. 销售额前十位企业

2015 年，浙江省种业销售额前十位企业为浙江勿忘农种业股份有限公司、浙江虹越花卉股份有限公司、宁波市种子有限公司等 10 家企业（见表 5–14），平均销售额为 7812.3 万元，是全省平均销售额的 5.8 倍，前十位企业销售额合计为 78122.8 万元，占全省总销售额的 70.3%（见表 5–15）。

表 5–14 2015 年浙江省种业销售额前十位企业名单

序号	企业名称
1	浙江勿忘农种业股份有限公司
2	浙江虹越花卉股份有限公司
3	宁波市种子有限公司
4	浙江农科种业有限公司
5	宁波微萌种业有限公司
6	浙江美之奥种业有限公司
7	绍兴市舜达种业有限公司
8	浙江可得丰种业有限公司
9	杭州市良种引进公司
10	温州市神鹿种业有限公司

表 5-15　2015 年浙江省种业销售额前十位企业销售额占比情况表

项目	销售额 / 万元
前十位企业平均	7812.3
全省平均	1339.4
前十位企业合计	78122.8
全省合计	111193.0
前十位企业占比 / %	70.3

3. 主要农作物种子销售量前十位企业

（1）常规水稻种子。浙江省常规水稻种子销售量前十位企业为浙江勿忘农种业股份有限公司、宁波市种子有限公司等 10 家企业（详见表 5-16）。

表 5-16　2015 年浙江省常规水稻种子销售量前十位企业名单

序号	企业名称
1	浙江勿忘农种业股份有限公司
2	绍兴市舜达种业有限公司
3	宁波市种子有限公司
4	浙江农科种业有限公司
5	杭州市良种引进公司
6	嘉兴市绿农种子有限公司
7	平湖市惠农种业有限责任公司
8	嘉兴市东进种业有限责任公司
9	嘉善县种子公司
10	浙江可得丰种业有限公司

2011—2015 年，浙江省常规水稻种子销售量前十位企业的销售量占比为 77.9%~90.7%，基本呈逐年上升的趋势。其中，2015 年占比为 85.4%，有所下降，与 2010 年基本接近，同时也说明省内种植的常规水稻种子有 80% 以上由这 10 家企业供应（详见表 5–17、图 5–12）。

表 5–17　2010—2015 年浙江省常规水稻种子销售量前十位企业销售量情况表

单位：万公斤

年份	2011 年	2012 年	2013 年	2014 年	2015 年	2010 年	2015 年比 2010 年增长值	2015 年比 2010 年增幅 / %
前十位企业销售量	1397.0	1642.2	2121.6	2032.8	2561.8	1288.1	1273.7	–98.9
全省销售量	1794.1	1940.4	2338.8	2377.9	2999.3	1667.5	1331.8	79.9
前十位企业占比 / %	77.9	84.6	90.7	85.5	85.4	77.2	8.2	—

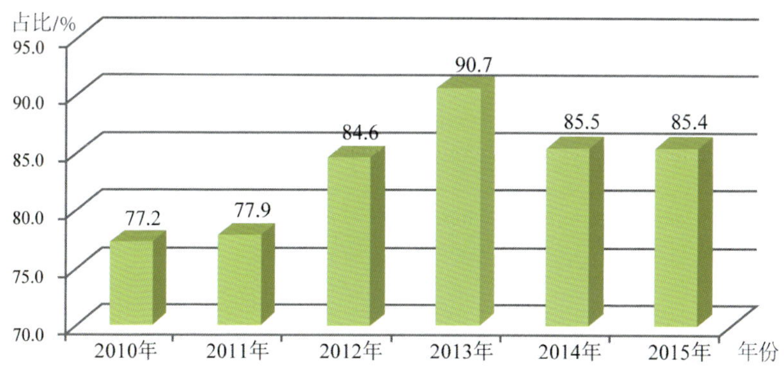

图 5–12　2010—2015 年浙江省常规水稻种子销售量前十位企业销售量占比趋势图

（2）**杂交水稻种子**。浙江省杂交水稻种子销售量前十位企业为浙江勿忘农种业股份有限公司等10家企业（详见表5–18）。

表5–18 2015年浙江省杂交水稻种子销售量前十位企业名单

序号	企业名称
1	浙江勿忘农种业股份有限公司
2	宁波市种子有限公司
3	浙江农科种业有限公司
4	浙江可得丰种业有限公司
5	金华三才种业公司
6	诸暨市越丰种业有限责任公司
7	浙江龙游县五谷香种业有限公司
8	台州市台农种业有限公司
9	绍兴市舜达种业有限公司
10	杭州市良种引进公司

2011—2015年，浙江省杂交水稻种子销售量前十位企业销售量占比为92.6%~95.7%，呈每年上升的趋势，其中，2015年占比为95.7%，与2010年基本接近（见表5–19、图5–13）。

（3）**小麦种子**。2015年，浙江省小麦种子销售量前十位企业为浙江勿忘农种业股份有限公司、宁波市种子有限公司、浙江农科种业有限公司等10家企业，合计销售量为681.7万公斤，占全省99.2%，说明省内种植的小麦种子基本由这10家企业供应（详见表5–20）。

表 5-19　2010—2015 年浙江省杂交水稻种子销售量前十位企业销售量情况表

单位：万公斤

年份	2011 年	2012 年	2013 年	2014 年	2015 年	2010 年	2015 年比 2010 年增长值	2015 年比 2010 年增幅 / %
前十位企业销售量	717.8	824.8	699.9	818.2	780.1	618.5	161.6	26.1
全省销售量	775.3	883.2	748.8	857.6	815.0	692.2	122.8	17.8
前十位企业占比 / %	92.6	93.4	93.5	95.4	95.7	89.4	6.3	—

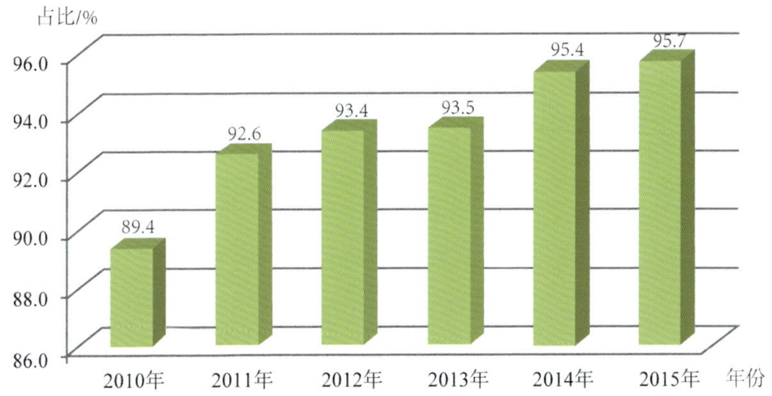

图 5-13　2010—2015 年浙江省杂交水稻种子销售量前十位企业销售量占比趋势图

表 5-20 2015 年浙江省小麦种子销售量前十位企业名单

序号	企业名称
1	浙江勿忘农种业股份有限公司
2	宁波市种子有限公司
3	绍兴省市舜达种业有限公司
4	浙江农科种业有限公司
5	平湖市惠农种业有限责任公司
6	嘉兴市绿农种子有限公司
7	杭州市良种引进公司
8	嘉善县种子公司
9	诸暨市越丰种业有限责任公司
10	嘉兴市登丰种业有限公司

2011—2015 年，浙江省小麦种子销售量前十位企业的销售量占比为 96.4%~99.4%，呈逐年上升的趋势，其中，2015 年比 2010 年增加 5.0 个百分点（详见表 5-21、图 5-14）。

表 5-21 2010—2015 年浙江省小麦种子销售量前十位企业销售量情况表

单位：万公斤

年份	2011 年	2012 年	2013 年	2014 年	2015 年	2010 年	2015 年比 2010 年增长值	2015 年比 2010 年增幅 / %
前十位企业销售量	343.4	481.8	435.1	559.7	681.7	215.7	466.0	216.0
全省销售量	356.4	499.0	437.8	564.3	687.1	228.9	458.2	200.2
前十位企业占比 / %	96.4	96.6	99.4	99.2	99.2	94.2	5.0	—

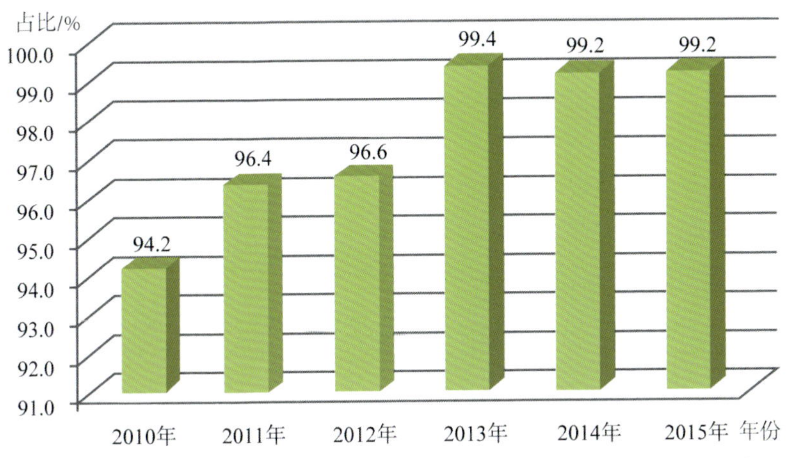

图 5-14 2010—2015 年浙江省小麦种子销售量前十位企业销售量占比趋势图

（4）**玉米种子**。2015 年，浙江省玉米种子销售量前十位企业为浙江勿忘农种业股份有限公司、杭州市良种引进公司、浙江农科种业有限公司等 10 家企业，合计销售量达 98.5 万公斤，占全省总销售量的 93.4%，表明省内种植的玉米种子基本由这 10 家企业供应（详见表 5-22）。

表 5-22 2015 年浙江省玉米种子销售量前十位企业名单

序号	企业名称
1	浙江勿忘农种业股份有限公司
2	杭州市良种引进公司
3	浙江农科种业有限公司
4	浙江可得丰种业有限公司
5	绍兴市大江蔬菜种子有限公司
6	金华三才种业公司

续表

序号	企业名称
7	诸暨市越丰种业有限责任公司
8	嵊州市嵊科种业有限公司
9	浙江康篮农业科技有限公司
10	浙江科苑种业有限公司

“十二五”期间，玉米种子销售量前十位企业的销售量占比为92.1%~93.5%，基本呈逐年上升的趋势，其中，2015 年比 2010 年增加 2.5 个百分点（详见表 5–23、图 5–15）。

表 5–23　2010—2015 年浙江省玉米种子销售量前十位企业销售量情况表

单位：万公斤

年份	2011 年	2012 年	2013 年	2014 年	2015 年	2010 年	2015 年比 2010 年增长值	2015 年比 2010 年增幅 / %
前十位企业销售量	101.4	79.9	113.2	133.4	98.5	93.1	5.4	5.8
全省销售量	109.2	86.7	121.0	142.7	105.5	102.4	3.1	3.0
前十位企业占比 / %	92.8	92.1	93.5	93.4	93.4	90.9	2.5	—

（5）**大豆种子**。2015 年，浙江省大豆种子销售量前十位企业为浙江勿忘农种业股份有限公司、绍兴市大江蔬菜种子有限公司等 10 家企业，合计销售量达 91.6 万公斤，占全省总销售量的 96.7%，说明省内种植的大豆种子基本由这 10 家企业供应（详见表 5–24）。

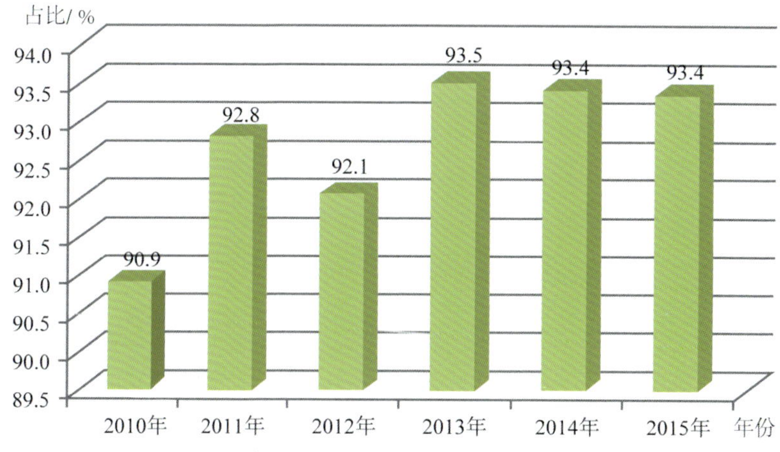

图 5-15　2010—2015 年浙江省玉米种子销售量前十位企业销售量占比趋势图

表 5-24　2015 年浙江省大豆种子销售量前十位企业名单

序号	企业名称
1	浙江勿忘农种业股份有限公司
2	绍兴市大江蔬菜种子有限公司
3	金华三才种业公司
4	浙江康篮农业科技有限公司
5	嘉兴先丰种业有限公司
6	浙江农科种业有限公司
7	嘉兴市嘉丰种子有限公司
8	杭州富阳金土地种业有限公司
9	绍兴市舜达种业有限公司
10	新昌县种子有限公司

“十二五”期间，大豆种子销售量前十位企业的销售量占比为92.4%~97.9%，年度之间有波动，其中，2015年比2010年增加4.0个百分点（详见表5-25、图5-16）。

表5-25　2010—2015年浙江省大豆种子销售量前十位企业销售量情况表

单位：万公斤

年份	2011年	2012年	2013年	2014年	2015年	2010年	2015年比2010年增长值	2015年比2010年增幅/%
前十位企业销售量	52.5	36.3	70.7	90.8	91.6	46.6	45.0	96.6
全省销售量	54.8	39.2	72.2	97.9	94.8	50.3	44.5	88.5
前十位企业占比/%	95.9	92.4	97.9	92.8	96.7	92.7	4.0	—

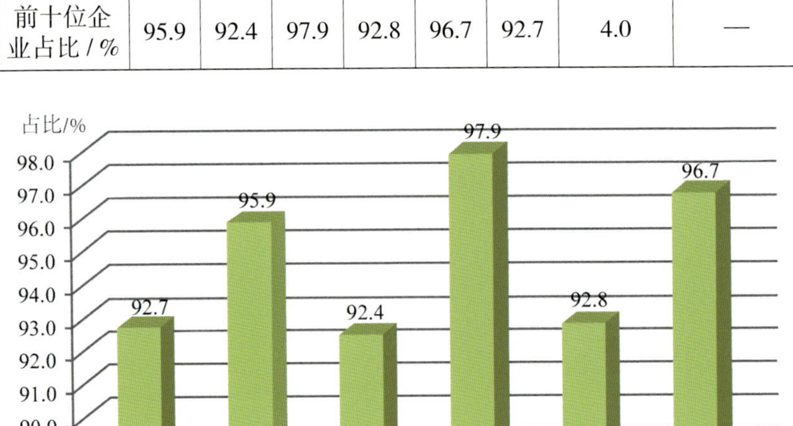

图5-16　2010—2015年大豆种子销售量前十位企业销售量占比趋势图

（6）**油菜种子**。2015年，浙江省油菜种子销售量前十位企业为浙江农科种业有限公司、浙江勿忘农种业股份有限公司等 10 家企业，合计销售量达 56.7 万公斤，占全省总销售量的 96.5%，表明省内种植的油菜种子基本由这 10 家企业供应（详见表 5-26）。

表 5-26　2015 年浙江省油菜种子销售量前十位企业名单

序号	企业名称
1	浙江农科种业有限公司
2	浙江勿忘农种业股份有限公司
3	浙江乐土种业有限公司
4	杭州市良种引进公司
5	浙江宝丰种业有限公司
6	诸暨市越丰种业有限责任公司
7	浙江龙游县五谷香种业有限公司
8	绍兴市舜达种业有限公司
9	浙江康篮农业科技有限公司
10	金华三才种业公司

2011—2015 年，浙江省油菜种子销售量前十位企业的销售量占比为 92.3%~96.9%，基本呈逐年上升的趋势，其中，2015 年比 2010 年增加 2.4 个百分点（详见表 5-27、图 5-17）。

（7）蔬菜种子。2015 年，浙江省蔬菜种子销售量前十位企业为浙江之豇种业有限责任公司、浙江勿忘农种业股份有限公司等 10 家企业，合计销售量达 152.8 万公斤，占全省总销售量的 71.0%，说明全省的 2/3 的蔬菜种子由这 10 家企业销售（详见表 5-28）。

表 5-27 2010—2015 年浙江省油菜种子销售量前十位企业销售量情况表

单位：万公斤

年份	2011年	2012年	2013年	2014年	2015年	2010年	2015年比2010年增长值	2015年比2010年增幅/%
前十位企业销售量	55.3	57.0	65.0	45.6	56.7	54.5	2.2	4.0
全省销售量	58.9	61.7	67.0	47.8	58.7	57.9	0.8	1.9
前十位企业占比/%	93.8	92.3	96.9	95.4	96.5	94.1	2.4	—

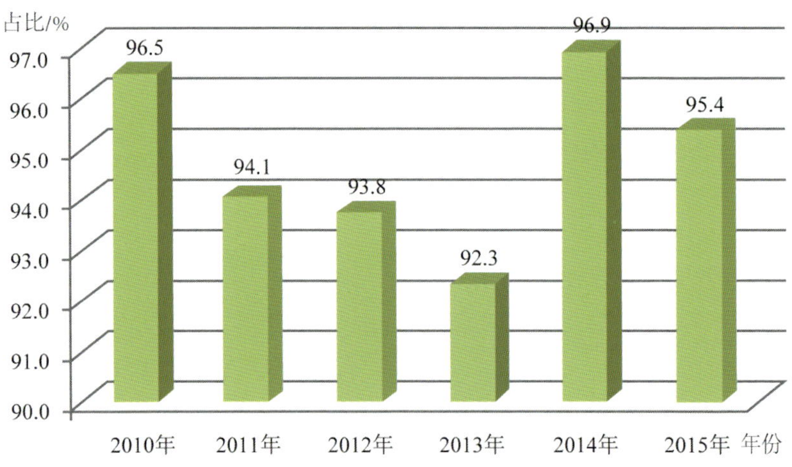

图 5-17 2010—2015 年浙江省油菜种子销售量前十位企业销售量占比趋势图

表 5-28　2015 年浙江省蔬菜种子销售量前十位企业名单

序号	企业名称
1	浙江之豇种业有限责任公司
2	浙江勿忘农种业股份有限公司
3	温州市神鹿种业有限公司
4	绍兴市大江蔬菜种子有限公司
5	浙江神良种业有限公司
6	浙江农科种业有限公司
7	杭州市良种引进公司
8	杭州绿丰种子有限公司
9	浙江康篮农业科技有限公司
10	嘉兴市嘉丰种子有限公司

（四）进出口种子销售

2015 年，浙江省持有农业部种子进出口经营许可证的 4 家企业中，商品种子出口金额达 4.23 万元，出口数量达 0.04 万公斤，比 2014 年同期有所减少；商品种子进口金额达 9547.16 万元，进口数量达 288.38 万公斤，比 2014 年同期有所增加（见表 5-29）。

表 5-29　2015 年浙江省农作物种子进出口情况表

统计项目	商品种子出口		商品种子进口	
	数量 / 万公斤	金额 / 万元	数量 / 万公斤	金额 / 万元
蔬菜	0.04	4.23	0.44	933.40
其他	0	0	287.94	8613.76
合计	0.04	4.23	288.38	9547.16

五、企业研发投入

2011—2015 年，浙江省种业企业育种研发、品种转让等科研经费投入达 2435.2 万 ~7785.3 万元，每年显著上升。其中，2015 年，全省 83 家企业科研经费达 7785.3 万元，比 2010 年增加 366.3%，企业平均科研经费达 93.8 万元，比 2010 年增加 574.2%（详见表 5-30）。

表 5-30　2010—2015 年浙江省种业企业科研经费投入情况表

年份	企业数 / 家	总科研经费 / 万元	企业平均科研经费 /（万元 / 家）	科研经费投入占比 / %
2011 年	103	2435.3	23.6	3.9
2012 年	94	2620.2	27.9	3.3
2013 年	90	3448.3	38.3	3.7
2014 年	89	6713.0	75.4	6.6
2015 年	83	7785.3	93.8	7.0
2010 年	120	1669.6	13.9	3.5
2011—2015 年平均	92	4600.4	51.8	4.9
2015 年比 2010 年增长值	–37	6115.7	79.9	3.5
2015 年比 2010 年增幅 / %	–31	366.3	574.2	—

注：因 2012 年以后森禾种业公司未办理种子经营许可证，故此表数据不含该企业。

2011—2015 年，浙江省种业企业科研经费投入占销售额的比重为 3.3%~7.0%，5 年平均占比为 4.9%，基本上每年呈显著上升的趋势。

其中，2015 年占比为 7.0%，比 2010 年增加了 3.5 个百分点，占比翻了一番（图 5–18）。这表明，5 年来，在国内外种业竞争日趋激烈，迫切需要加快提升自我育种创新能力、培育优良品种的内在驱动下，全省种业企业育种研发投入大幅度增加。

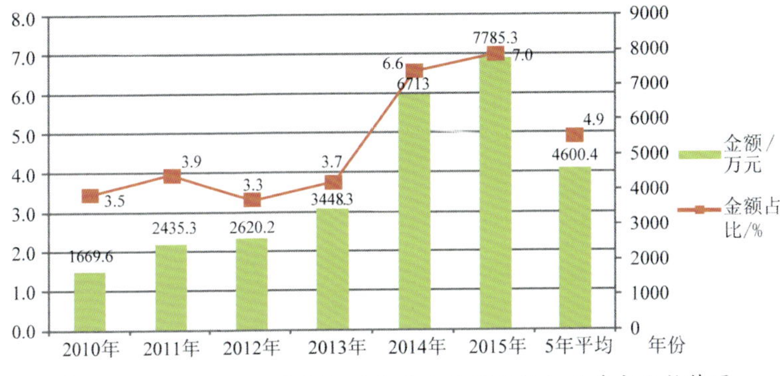

图 5–18　2010—2015 年浙江省种业企业研发投入及其占比趋势图

2015 年，83 家种业企业中，科研经费达 1 万元以上的企业有 47 家，占全省 83 家种业企业数的 56.6%，分别比 2010 年增加 27 家、39.9 个百分点；科研经费达 100 万元种业企业有 15 家，占全省 83 家种业企业数的 18.1%，分别比 2010 年增加 9 家、13.1 个百分点，其合计科研经费达 7062.0 万元，占当年全省科研经费的 90.7%（见表 5–31）。

2015 年，全省 83 家种业企业科研经费投入达 7786 万元。其中国家办证的企业达 2326 万元，比 2014 年减少 530 万元；省办证企业达 3665 万元，比 2014 年增加 735 万元；地办证企业达 979 万元，比 2014 年增加 347 万元；县办证企业达 816 万元，比 2014 年增加 521 万元（见表 5–32）。

表 5–31　2010 年与 2015 年浙江省种业企业科研经费投入情况对比表

年份	企业数 / 家	科研经费达 1 万元以上		科研经费达 100 万元以上			
		企业数 / 家	占比 / %	企业数 / 家	数量占比 / %	金额 / 万元	金额占比 / %
2015 年	83	47	56.6	15	18.1	7062.0	90.7
2010 年	120	20	16.7	6	5.0	1612.2	96.6
2015 年比 2010 年增长值	–37	27	39.9	9	13.1	5449.8	–5.9

注：此表统计口径同上表。

表 5–32　2015 年浙江省种业企业科研经费投入情况表

单位：万元

统计项目	合计	国家办证企业	省办证企业	地办证企业	县办证企业
经费投入	7786	2326	3665	979	816

六、企业育成品种审定

2011—2015 年，浙江省种业企业育成品种累计审定数为 137 个，占全省审定品种数的 42.0%。其中，2015 年全省种业企业申报审定品种数为 36 个，占 2015 年全省审定品种数的 60.0%，比 2010 年增加 22.8 个百分点（见表 5–33、图 5–19）。

表 5–33　2010—2015 年浙江省种业企业育成品种审定情况表

年份	全省审定品种数 / 个	省内企业审定品种数 / 个	省内企业审定品种占比 / %
2011 年	62	17	27.4

续表

年份	全省审定品种数 / 个	省内企业审定品种数 / 个	省内企业审定品种占比 / %
2012 年	61	18	29.5
2013 年	69	31	44.9
2014 年	73	35	47.9
2015 年	60	36	60.0
2010 年	43	16	37.2
2011—2015 年合计	325	137	42.0

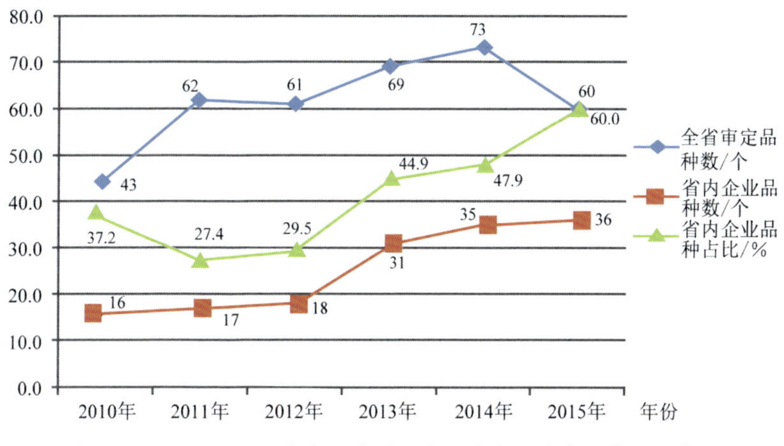

图 5-19 2010—2015 年浙江省种业企业育成品种审定情况趋势图

2011—2015 年，省内种业企业育成的主要农作物品种平均占比为 41.4%，其中，油菜、杂交水稻、大豆、常规水稻、小麦、鲜食玉米、棉花、西瓜、普通玉米占比分别为 75.0%、61.4%、45.5%、44.1%、25.0%、20.8%、16.7%、15.4%、14.3%；省内企业育成的非主要农作物品种占比为 42.9%（见表 5-34、图 5-20）。

表 5–34　2011—2015 年浙江省主要农作物种业企业育成品种审定情况表

项目		全省审定品种数 / 个	企业独家或合作审定品种数 / 个	企业独家或合作审定品种占比 / %	省内企业独家或合作审定品种数 / 个	省内企业独家或合作审定品种占比 / %
合计		325	162	49.8	137	42.2
主要农作物品种	合计	169	95	56.2	70	41.4
	杂交水稻	57	41	71.9	35	61.4
	常规水稻	34	15	44.1	15	44.1
	普通玉米	7	3	42.9	1	14.3
	鲜食玉米	24	15	62.5	5	20.8
	大豆	11	5	45.5	5	45.5
	油菜	8	6	75.0	6	75.0
	小麦	4	1	25.0	0	0.0
	棉花	6	1	16.7	1	16.7
	西瓜	13	8	61.5	2	15.4
	其他（蚕）	5	0	0.0	0	0.0
非主要农作物品种		156	67	42.9	67	42.9

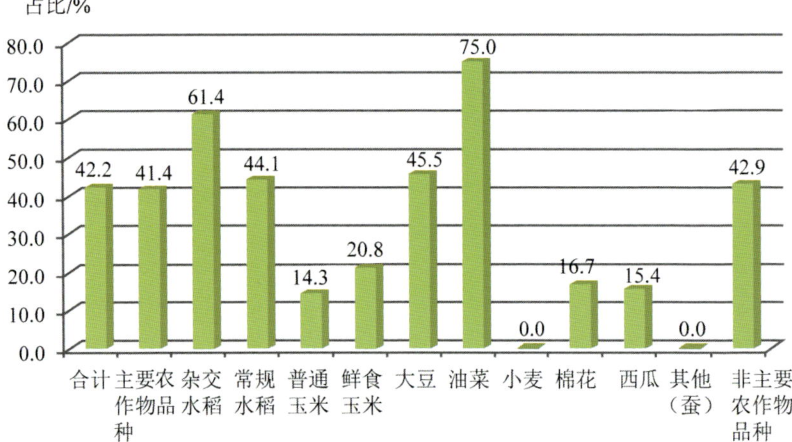

图 5–20　2011—2015 年浙江省主要农作物种业企业育成品种审定情况趋势图

七、企业效益

（一）总体情况

2011—2015 年，浙江省种业企业利润总体水平于 2013 年达到最高后稍有回落。其中，2015 年全省种业企业主营业务利润为 12276.5 万元，比 2010 年增加 14.9%，平均每家种业企业利润为 147.9 万元，比 2010 年增加 66.1%；83 家种业企业中，76 家盈利，7 家亏损，盈利企业占比为 91.6%，比 2010 年增加 11.6 个百分点（见表 5–35）。从图 5–21 可看出，2011—2013 年，全省种业企业盈利情况呈上升趋势。

表 5–35　2010—2015 年浙江省种业企业盈利情况表

年份	企业数 / 家	净利润 / 万元	主营业务利润总额 / 万元	企业平均利润 /（万元 / 家）	盈利企业占比 / %
2011 年	103	22749.8	12614.4	122.5	80.6
2012 年	94	8402.8	19198.0	204.2	87.2
2013 年	90	15000.1	22883.1	254.3	87.8
2014 年	89	14467.5	9201.4	103.4	91.0
2015 年	83	12735.5	12276.5	147.9	91.6
2010 年	120	16478.3	10683.5	89.0	80.0
2015 年比 2010 年增长值	–37	–3742.8	1593.0	58.9	11.6
2015 年比 2010 年增幅 / %	–30.8	–22.7	14.9	66.1	—

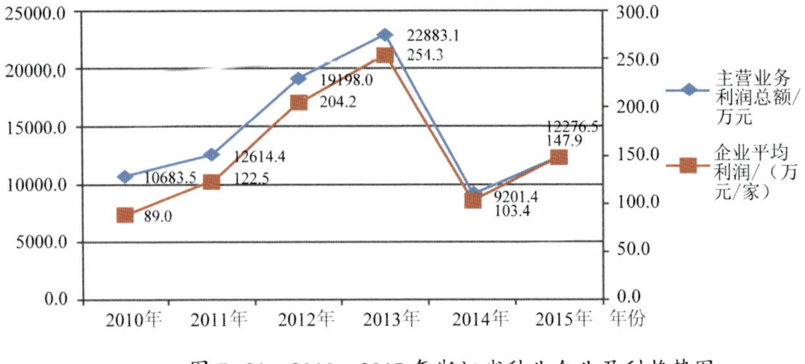

图 5-21　2010—2015 年浙江省种业企业盈利趋势图

（二）规模企业盈利情况

2015 年，浙江省 14 家注册资本 3000 万元及以上的规模企业（见表 5-36）平均种子销售利润率为 9.8%，低于全省平均水平；规模企业种子销售利润合计为 7458.2 万元，占全省的 60.8%（见表 5-37），低于规模企业种子销售额在全省的占比（68.7%）。这表明，当前规模企业的利润水平并没有随着规模的增加而增加。

表 5-36　2015 年浙江省注册资本 3000 万元及以上企业名单

序号	企业名称
1	浙江勿忘农种业股份有限公司
2	浙江传化生物技术有限公司
3	浙江万象花卉有限公司
4	浙江虹越花卉股份有限公司
5	浙江美之奥种业有限公司

续表

序号	企业名称
6	杭州市良种引进公司
7	金华三才种业公司
8	宁波市种子有限公司
9	浙江之豇种业有限责任公司
10	浙江农科种业有限公司
11	浙江可得丰种业有限公司
12	温州市神鹿种业有限公司
13	浙江神良种业有限公司
14	台州市台农种业有限公司

表 5–37　2015 年浙江省注册资本 3000 万元及以上企业盈利情况表

单位：万元

企业名称	注册资本	企业总资产	种子销售总额	种子销售利润	销售利润率 / %
3000 万元及以上企业合计	53411.9	187840.2	76443.9	7458.2	9.8
全省企业合计	80737.6	308441.6	111193.0	12276.5	11.0
规模企业占比 / %	66.2	60.9	68.7	60.8	—

第六篇　种业管理与服务

一、种子管理体系

（一）种子管理机构

截至2015年底，浙江省设立种子管理机构87家（其中，省级机构1家，市级机构11家，县级机构75家），比2010年增加3家县级机构。其中，全额事业单位80家，比2010年增加6家；参公单位7家，比2010年减少1家（见表6–1）。

（二）种子管理人员

2015年，浙江省87家种子管理机构的总人数为923人，比2010年减少33人，比2014年增加11人；编办核定编制数为691人，比2014年减少7人；在编人员为638人，比2014年增加22人；实际

表 6-1 2010 年与 2015 年浙江省种子管理机构数量、机构性质对比表

单位：家

年份	全省	省级	市级	县级
2015年	87	1	11	75
	独立法人 51 家，内设机构 36 家	独立法人	独立法人 9 家，内设机构 2 家	独立法人 41 家，内设机构 34 家
	全额事业单位 80 家，参公单位 7 家	全额事业单位	全额事业单位	全额事业单位 68 家，参公单位 7 家
2010年	84	1	11	72
	全额事业单位 74 家，参公单位 8 家	全额事业单位	全额事业单位	全额事业单位 62 家，差额事业单位 2 家，参公单位 8 家

在编在岗人员为 559 人，比 2014 年增加 13 人，另有编外人员 67 人，即实际在职人员为 626 人，为总人数的 67.82%；离退休人员为 297 人，占总人数的 32.18%，比 2014 年减少 4 人。在编在岗人员中，博士 2 人，硕士 44 人，本科学历 268 人，大专学历 150 人，其他 95 人；正高级职称 19 人，副高级职称 140 人，中级职称 218 人，初级职称 86 人，其中，持农业行政执法证人员总数为 242 人，比 2014 年减少 3 人（详见表 6-2）。

表 6-2 2015 年浙江省种子管理机构人员情况表

单位：人

统计项目	合计	省级	市级	县级
编制数	691	30	104	557
在编人员	638	29	104	505

续表

统计项目	合计	省级	市级	县级
其中：实际在编在岗人员	559	29	101	429
编外人员	67	3	11	53
离退休人员	297	28	69	200
在编在岗人员学历情况				
1. 博士	2	0	1	1
2. 硕士	44	9	14	21
3. 本科	268	12	57	199
4. 大专	150	6	14	130
5. 大专以下	95	2	15	78
在编在岗人员职称情况				
1. 正高级职称	19	5	8	6
2. 副高级职称	140	10	38	92
3. 中级职称	218	10	30	178
4. 初级职称	86	0	13	73
持农业种子执法证人员总数	242	16	30	196

（三）种子管理技术支撑体系

1. 种子检验机构及检验员

2011—2015 年，浙江省有浙江省种子质量检验站、金华市种子管理站质量监督检测中心、余姚市种子种苗管理站 3 家通过农业部和浙江省农业厅种子检验机构考核。截至 2015 年底，全省有种子检验员 714 人（次），比 2010 年增加 308 人（次），能基本满足全省种子质量检验工作的需要（见表 6–3）。

表 6-3　2010—2015 年浙江省种子检验员数量表

单位：人（次）

年份	2011 年	2012 年	2013 年	2014 年	2015 年	2010 年	2015 年比 2010 年增长值
种子管理站检验员	172	186	246	278	366	163	203
企业种子检验员	281	332	338	348	348	243	105
检验员总数	453	518	584	626	714	406	308

2. 品种区试展示示范体系

“十二五”期间，浙江省不断完善国家和浙江省级区试站 15 个，以及一批区试点，每年可承担品种区试和生产试验 40 组约 400 个品种，年均筛选审定主要农作物品种 30 余个。全省粮油和蔬菜作物新品种展示示范体系逐步建成，年安排浙江省级新品种展示示范点 80 个、展示品种 1000 余个、示范品种 200 余个，年现场参观考察人数达 10000 多人（次），新品种展示示范平台已成为农民看种、选种的最佳场所。

3. 南繁基地

（1）基地规模。浙江省南繁基地面积为 2200 亩左右，其中，固定基地面积为 1736 亩（租期到 2028 年底），涉及海南省陵水县椰林镇坡留、城内、勤丰、雷丰、大兴、城南等村。根据《国家南繁科研育种基地（海南）建设规划（2015—2025 年）》内容，全省南繁基地大部分已被列入规划核心区。

（2）**设施建设**。“十二五”期间，浙江省共有18家科研单位和种业企业开展南繁工作。科研单位都单独建有生活设施，总面积为1.8万平方米，多数永久性生活设施办理了土地使用权证或签订了长期租用土地合同。2014年，浙江省设立了农业综合开发项目，加强了对部分沟、渠、路的建设，基础设施也得到了进一步完善。

（3）**基地管理**。南繁业务由浙江省种子管理总站统一组织管理，生产、生活设施由科研单位和种业企业自主建设、运行管理。全省常年有270多人从事南繁育种工作，主要科研骨干都亲力亲为。每年测配杂交组合20余万个。

4. 种质资源保护利用体系

（1）**制定保护管理技术规范**。2013年制定了《浙江省农作物种质资源保护管理工作规范（试行）》，明确了农作物种质资源保护工作中长期目标、职责、主要工作内容、技术支持手段、组织实施方式等；2014年又发布了《浙江省农作物种质资源调查收集技术规范（试行）》《浙江省农作物种质资源繁殖更新技术规范（试行）》和《浙江省农作物种质资源鉴定评价技术规范（试行）》，这三个规范明确了大田作物种质资源的调查收集、分类处理、入库（圃）保存、繁殖提纯、种质更新、鉴定评价的工作程序和技术要求；2015年公布了《浙江省农作物（大田）种质资源接收与利用工作流程》，使种质资源申请利用工作有章循。

（2）**明确保护依托单位**。中国水稻研究所，浙江大学蔬菜研究所，浙江省农业科学研究院作物与核技术利用研究所、蔬菜研究所、玉米研究所，金华市农业科学研究院等13家单位被确定为大田作物种质资源保护技术依托单位，承担种质保存保护利用工作。由于未能单独建设种质资源保护库，将中国水稻研究所的种质资源库列为暂时保存库。为便于鉴定评价所需的现场考察、数据审核等工作的进行，初步建立了浙江省农作物种质资源保护利用专家库。

（3）**进一步完善种质资源信息数据平台**。在原有基础上，进一步完善了种质资源特征特性数据库和信息查询平台。

（四）管理工作经费

2011—2015 年，浙江省省、市、县三级种子管理机构的工作经费明显增加。其中，2015 年工作经费收入为 17002 万元，支出为 16145 万元，分别比 2010 年增加 42.0% 和 39.5%（见表 6–4、图 6–1）。

表 6–4 2010—2015 年浙江省种子管理工作经费收支表

单位：万元

年份	2011 年	2012 年	2013 年	2014 年	2015 年	2010 年	2015 年比 2010 年增长值	2015 年比 2010 年增幅 / %
工作经费收入	11024	13982	13049	14580	17002	11974	5028	42.0
工作经费支出	10986	14346	12872	14412	16145	11574	4571	39.5

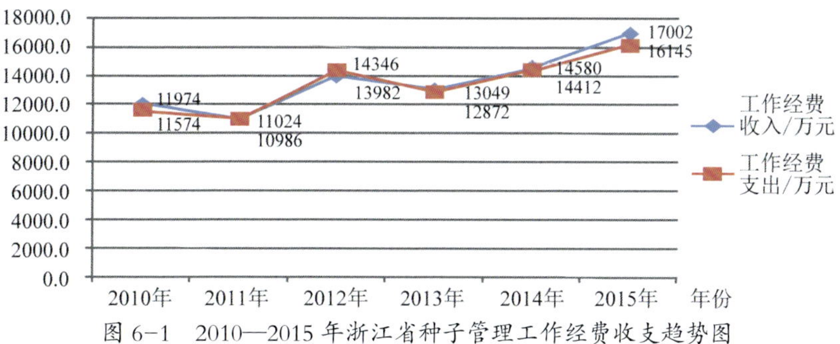

图 6–1 2010—2015 年浙江省种子管理工作经费收支趋势图

二、种子管理工作

种子管理工作涉及面较广，涵盖了品种区试、审定与展示示范，种子质量监管，种子市场检查，种子储备管理，种业信息调度等方面。"十二五"期间，浙江省全面组织开展种子管理工作，着力推进现代种业发展，为加快推进我省现代农业发展提供了科技支撑。

（一）品种区试

2011—2015年，浙江省开展的主要农作物品种区试作物有水稻、玉米、油菜、大豆、小麦、棉花、西瓜7个农作物。试验组别数为26~33组，2015年比2010年减少了8组，减幅为23.5%；参试品种数为226~390个，2015年比2010年增加49个品种，增幅达19.4%（见表6–5、图6–2）。

表6–5 2010—2015年浙江省主要农作物品种区试规模情况表

年份	组数/组	品种数/个
2011年	26	250
2012年	26	226
2013年	27	324
2014年	33	390
2015年	26	302
2010年	34	253
2015年比2010年增长值	–8	49
2015年比2010年增幅/%	–23.5	19.4

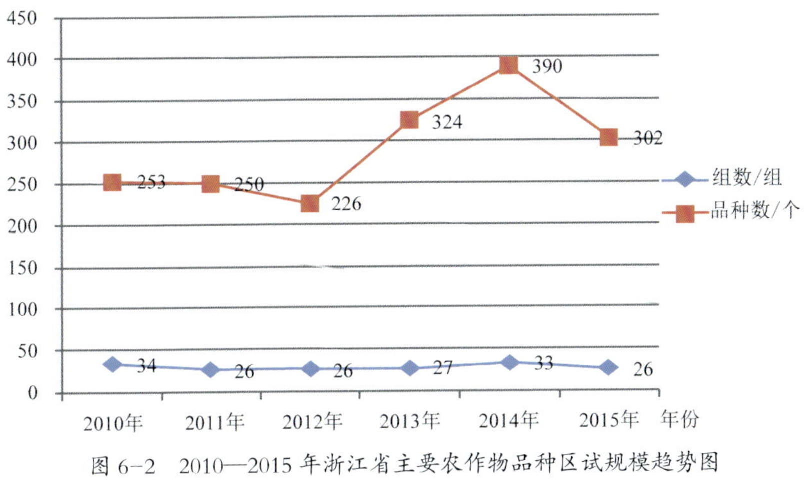

图 6-2　2010—2015 年浙江省主要农作物品种区试规模趋势图

（二）品种审定

2011—2015 年，根据农作物品种区试结果，浙江省农作物品种审定委员会办公室组织有关专家，对进入生产试验的品种田间表现进行现场考察审查，投票确定推荐审定品种。分别组织召开主要农作物品种审定会议和非主要农作物品种审定会议，审议确定审定品种。2011—2015 年，全省共审定通过 325 个品种，其中，主要农作物品种 169 个、非主要农作物品种 156 个，为全省育成品种的推广应用发挥了重要作用（见图 6-3）。

（三）新品种展示示范

2011—2015 年，浙江省每年安排落实粮油、蔬菜等农作物品种展示示范，省、市、县三级组织举办大小麦、油菜、旱粮、早稻、单季稻、晚稻现场观摩会，以及蔬菜新品种观摩活动，参观人数

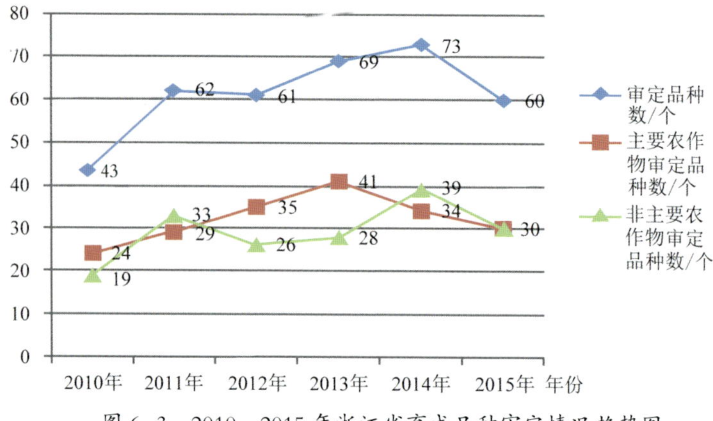

图 6-3 2010—2015 年浙江省育成品种审定情况趋势图

达数万人（次），有力推动优良品种的推广应用。2011—2015 年，浙江省主要农作物省级新品种展示示范品种数量逐年增加（见表 6-6、图 6-4、图 6-5）。

表 6-6 2010—2015 年浙江省主要农作物省级新品种展示示范规模表

年份	示范			展示	
	示范点 / 个	品种数 / 个	面积 / 亩	展示点 / 个	品种数 / 个
2010 年	23	33	5500	23	62
2011 年	24	33	5500	23	60
2012 年	32	36	5950	25	99
2013 年	34	37	6200	33	124
2014 年	32	58	4420	22	286
2015 年	25	53	4000	23	309

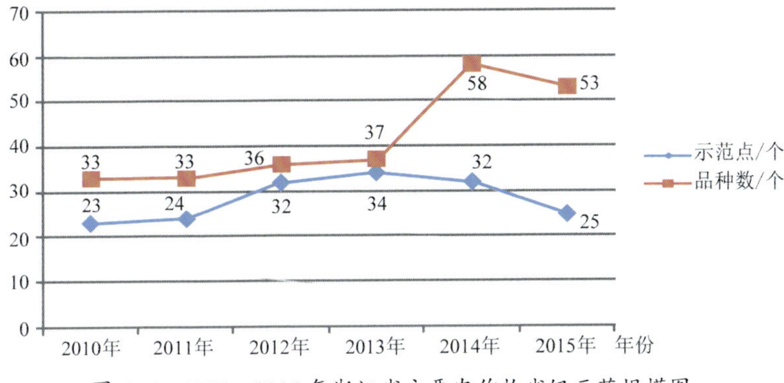

图 6-4 2010—2015 年浙江省主要农作物省级示范规模图

图 6-5 2010—2015 年浙江省主要农作物展示规模图

（四）种子质量监管

“十二五”期间，浙江省每年组织开展种子质量监督抽检，组织开展种子检验培训和考核，2015 年首次组织开展了主要种子生产企业检验能力比对试验，着力提高种子检验机构和种业企业检验人员的检验能力。

（五）种子市场检查

"十二五"期间，浙江省每年组织开展春夏冬播作物种子市场、种子基地检查，强化对生产经营假冒伪劣种子违法行为的打击，全省没有发生重大种子质量事故，对保障农业安全生产发挥了重要的作用。

（六）种子储备管理

"十二五"期间，浙江省按照省、市、县三级分级储备的方式落实种子储备制度。储备种子涉及水稻、大小麦、豆类、玉米、油菜及蔬菜等六大类农作物。2011—2015 年，全省累计储备种子 5904.2 万公斤，累计动用种子 689.6 万公斤，年均动用的储备种子数量占总量的比例为 11.7%，挽回经济损失 10 亿元以上（见表 6–7）。2015 年，全省共储备种子 1178.05 万公斤，其中省级储备达 250.00 万公斤。2015 年浙江省主要农作物种子储备及动用情况见表 6–8。

表 6–7 2010—2015 年浙江省储备及动用种子情况表

年份	2010 年	2011 年	2012 年	2013 年	2014 年	2015 年	2011—2015 年合计
储备种子总量 / 万公斤	1237.5	1194.8	1208.9	1164.4	1157.5	1178.6	5904.2
动用储备种子量 / 万公斤	191.0	158.9	132.5	127.0	85.5	185.7	689.6
动用占比 / %	15.4	13.3	11.0	10.9	7.4	15.8	11.7

表 6-8　2015 年浙江省主要农作物种子储备及动用情况表

单位：万公斤

统计项目		各级储备情况					各级动用情况				
		合计	代中央储备	省级储备	市级储备	县级储备	合计	中央动用	省级动用	市级动用	县级动用
总计		1178.05	160.00	250.00	160.76	607.83	185.68	10.00	39.47	42.81	93.40
杂交粮油作物种子	小计	144.13	30.00	47.50	14.75	51.88	11.20	—	8.00	—	3.20
	杂交水稻	116.50	30.00	40.00	11.00	35.50	9.98	—	8.00	—	1.98
	杂交玉米	27.61	—	7.50	3.75	16.36	1.22	—	—	—	1.22
	杂交高粱	0.02	—	—	—	0.02	—	—	—	—	—
常规粮油作物种子	小计	1026.39	130.00	196.50	145.86	554.57	174.42	10.00	31.47	42.81	90.14
	水稻	962.54	130.00	159.50	135.72	537.32	161.81	10.00	20.30	42.81	88.70
	小麦	37.00	—	15.00	8.00	14.00	11.30	—	10.30	—	1.00
	油菜	0.50	—	0.50	—	—	—	—	—	—	—
	大豆	12.95	—	9.00	2.10	1.85	1.06	—	0.65	—	0.41
	小杂豆	6.03	—	6.00	—	0.03	0.22	—	0.22	—	—
	大麦	7.10	—	6.50	—	0.60	—	—	—	—	—
	荞麦	0.27	—	—	—	0.27	0.03	—	—	—	0.03
蔬菜种子		7.53	—	6.00	0.15	1.38	0.06	—	—	—	0.06

（七）种业信息调度

"十二五"期间，在主要农作物关键供种季节，组织召开全省种子供需分析，组织采编并发布全省主要农作物种子供需动态快报（按照旬报或月报的形式）。建立"浙江省种业信息在线直报系统"，完成了浙江种业网（含种质资源副网）的改版工作，使其功能更加齐全，拥有种子管理工作动态、公告通知、种业动态发布，办事指南、许可信息、品种审定、持证与备案企业查询等功能，全省种业信息网络体系逐步健全，开展种业信息调度和余缺调剂，有力推动了现代种业的发展。

第七篇 展 望

“十三五”期间，浙江省将在“十二五”期间种业发展的基础上，以科学发展观为指导，牢固树立“创新、协调、绿色、开放、共享”发展理念，以发展高效生态农业、保障粮食安全、促进农民增收为目标，以种业体制改革和机制创新为动力，以提升种业科技创新能力、供种保障能力、企业综合竞争能力和市场监管服务能力为重点，加大改革创新、政策扶持、主体培育，构建以产业为主导、以企业为主体、以基地为依托、产学研相结合、育繁推一体化的现代农作物种业体系，为建设“双高”农业强省提供支撑和保障。

一、发展原则

第一，坚持做优做强与做专做精相统一。以育繁推一体化为发展方向，加大种业扶持力度，推动科技资源向种业企业流动，不断优化种业发展环境，通过政策引导带动企业和社会资金投入，推进育繁推一体化种业企业做优做强，加快构建现代种业集团；扶持专业化、区域性、服务型种业企业做专做精，提供全产业链、全程化、差异化、专业化的精准服务。

第二，坚持公益性研究与商业化育种相协调。鼓励科研院所和高等院校重点开展农作物育种的基础性、前沿性和应用技术研究，以及育种材料创新、常规和无性繁殖作物品种选育等公益性研究。坚持以企业为主体开展商业化育种，加强种业企业自主创新，培育具有自主知识产权的优良品种，加快构建以市场为导向、资本为纽带、利益共享、风险共担的产学研相结合，种业基础性研究与商业化育种分工协作的新型种业科技创新体系，实现“双轮”驱动。

第三，坚持自主创新与内引外拓相促进。充分发挥我省水稻、油菜、大豆、蔬菜、桑茶果蚕、药用植物等农作物品种选育优势，支持种业企业培育具有自主知识产权和重大应用前景的优良品种。同时加强与国内外种业企业的交流合作，引进我省高效、生态、绿色农业发展急需的优新品种，鼓励优势种业企业“走出去”，拓展优势农作物种业发展空间，实现种业“两头”在外发展。

第四，坚持监督管理和行业自律相结合。健全各级种子管理机构，强化种业监管职能，加强种子市场监督抽检和法律法规宣传教育，严厉打击制售假劣种子和套牌侵权行为，加大品种权保护力度。同时，发挥种子行业协会的作用，促进企业守法自律、遵守行规、相互约束、接受监督，引导种业企业建立质量自控和诚信评价体系，共同构建和维护公平竞争的种子市场环境。

二、发展目标

到 2020 年，力争形成基础性、公益性研究与商业化育种有序分工、密切配合、运行高效的种业科技创新体系，努力建成现代种业强省，主要从以下几个方面着手：

——**品种选育**。加强农作物种质资源保护与利用，计划调查收集种质资源 1280 份、鉴定评价 350 份、繁殖更新 1000 份；南繁科研育种基地保护、建设与管理协调推进，新建南繁科研育种基地 1000 亩；育成一批高产、多抗、低耗的“绿色”新品种，并在优质、广适和适合机械化方面有所突破，以满足不同生态区域和城乡居民的消费需求。

——**基地创建**。计划建设相对集中、长期稳定的规模化、标准化、机械化种子生产基地 10 万亩，主要农作物生产用种商品化率达 80% 以上，良种覆盖率稳定在 98% 以上。

——**主体培育**。计划培育专业化骨干种业企业 8~10 家，重点打造 2~3 家生产基地稳定、生产加工技术先进、市场营销网络健全、技术服务到位的育繁推一体化现代农作物种业集团。构建以大型现代农作物种业集团为龙头、专业化骨干种业企业为支撑、区域化和服务型种业企业为配套的现代种业企业集群。

——**制度建设**。建立种业企业信用评价制度，健全种子生产供需监测预警系统，加强农作物种子储备管理，完善种子监管机构和信息服务，形成职责明确、手段先进、监管有力的种子管理体系，实现大宗农作物种子抽检全覆盖。

附 录

附表 1 2011—2015 年浙江省农作物审定品种表

序号	作物	类型	品种名称
1	水稻（91 个）	杂交早稻（4 个）	株两优 609、株两优 813、陆两优 173、陵两优 0516
		常规早稻（15 个）	辐 501、嘉早 309、中佳早 66、嘉育 66、温 718、中早 41、中组 9 号、台早 733、温 814、嘉早 37、嘉育 89、甬籼 975、温 926、中冷 23、嘉育 938
		常规晚粳稻（16 个）	单季：秀水 519、秀水 05、绍粳 18、秀水 321、浙粳 60、浙粳 98、嘉 58、宁 84 连作：秀水 414、浙糯 65、浙粳 88、湖粳 640、浙粳 112、浙粳 97、浙粳 59、绍粳 31
		常规晚糯稻（1 个）	春江糯 6 号
		单季杂交晚粳稻（21 个）	单季：甬优 15、甬优 17、春优 618、浙优 18、春优 84、甬优 538、甬优 12、甬优 1540、甬优 1140、甬优 7850、秀优 378、嘉优 6 号、嘉禾优 555、浙优 13、甬优 362、春优 149 连作：甬优 4350、甬优 4550、甬优 720 特早熟：甬优 1640、甬优 2640
		单季杂交晚糯稻（1 个）	浙糯优 1 号
		单季杂交晚籼稻（33 个）	单季：Y 两优 689、Y 两优 5867、中浙优 10 号、钱优 930、钱优嘉 8 号、甬优 1512、深两优 884、甬优 1510、钱优 911、赣香优 9141、钱优 1890 连作：中浦优华占、天优 2180、九优 063、钱优 0724、嘉晚优 1 号、钱优 817、天优 8019、协优 H118、广两优 7203、天优 8025、钱优 97、安优 18、天优 H145、钱优 906、华风优 6086、钱优 146、内 5 优 36、钱优 16、广两优 9388、钱优 2015、钱优 9 号、钱 3 优 982

续表

序号	作物	类型	品种名称
2	小麦（4个）	小麦（4个）	扬麦18、扬麦19、华麦5号、扬麦24
3	玉米(31个)	糯玉米（10个）	浙大糯玉3号、苏花糯2号、脆甜糯5号、浙糯玉6号、美玉13号、苏玉糯203、花糯99、翔彩糯4号、美玉糯16号、浙糯玉7号
		普通玉米（7个）	登海605、济单7号、郑单958、承玉19、浙凤单1号、浙单11、铁研818
		甜玉米（14个）	绿色超人、金玉甜2号、景甜9号、浙凤甜3号、蜜玉1号、嵊科金银838、上品、福华甜、正甜68、宝甜、一品甜、美玉甜002号、浙甜10号、浙甜11
4	棉花（6个）	转基因杂交棉（5个）	中棉所61、慈杂6号、中棉所87、浙大5号、慈杂11号
		常规彩色棉（非转基因）(1个）	浙大6号
5	大豆(11个)	鲜食春大豆（5个）	浙鲜豆7号、浙鲜豆8号、奎鲜2号、浙农3号、浙鲜9号
		鲜食秋大豆（6个）	萧农秋艳、衢鲜5号、衢鲜6号、衢秋3号、衢秋5号、丽秋3号
6	西瓜(13个)	露地西瓜（7个）	佳乐、浙蜜6号、黑优美、科农3号、荃银瑞虎、丽华、丰华21
		设施小型西瓜（2个）	天成、金蜜2号
		设施中型西瓜（4个）	南太湖1号、佳蜜、红和平、申抗988
7	油菜（8个）	油菜（7个）	华浙油0742、南油10号、浙油51、浙大622、浙油杂108、浙油33、浙油80
		杂交油菜（1个）	绵新油68

续表

序号	作物	类型	品种名称
8	旱杂粮等（11个）	蚕豆（2个）	一青蚕豆、丽蚕1号
		大麦（2个）	浙皮9号、浙皮10号
		甘薯（5个）	甬紫薯1号、金薯926、薯绿1号、金徐薯69、浙紫薯1号
		花生（2个）	小京生、满庭香
9	蔬菜（99个）	薄皮甜瓜（2个）	甬甜8号、浙香甜1号
		菜豆（1个）	丽芸2号
		菜瓜（2个）	慈脆1号、甬越1号
		草莓（3个）	宁馨、越丽、越心
		白菜（3个）	初绿翡翠、浙白3号、黄火青
		冬瓜（1个）	宏大1号
		番茄（13个）	浙杂301、浙粉702、浙杂502、瓯秀806、钱塘旭日、杭杂5号、海纳178、钱塘红宝、杭杂301、瓯秀201、浙粉706、浙杂503、微萌6026
		甘蓝（1个）	浙甘70
		厚皮甜瓜（3个）	翠雪5号、哈脆0919、沃尔多
		葫芦（1个）	甬砧5号
		瓠瓜（4个）	金蒲1号、浙蒲8号、早杂7号、越蒲2号
		花椰菜（7个）	成功120天、浙017、浙091、慈优100天、浙农松花50天、瓯松90天、绿松90天
		黄瓜（5个）	浙秀302、碧翠18、越秀3号、浙秀3号、碧翠19
		豇豆（3个）	之豇60、浙翠9号、之豇616

续表

序号	作物	类型	品种名称
9	蔬菜(99个)	茭白(5个)	浙茭6号、余茭4号、崇茭1号、浙茭3号、浙茭7号
		芥菜(3个)	甬高2号、甬雪3号、甬雪4号
		栝楼(1个)	越蒌2号
		辣椒(3个)	衢椒1号、玉龙椒、浙椒3号
		萝卜(1个)	浙萝6号
		南瓜（黄瓜砧木)(1个)	甬砧8号
		茄子(5个)	浙茄28、浙茄3号、杭茄2008、浙茄8号、西子红茄
		青花菜（5个）	台绿1号、海绿、浙青95、台绿2号、台绿3号
		丝瓜(5个)	浙丝35、台丝1号、台丝2号、台丝3号、春丝2号
		笋瓜(3个)	湖栗1号、科栗1号、金栗
		甜瓜(12个)	三雄5号、哈翠、红玛丽、红状元、湖甜1号、甬甜5号、东之星、银蜜58、金脆丰、金玫瑰、甬甜7号、绿乐
		西葫芦（1个）	圆葫2号
		樱桃番茄（3个）	浙樱粉1号、双龙红珠、浙樱粉2号
		芋（1个）	金华红芽芋
		榨菜(1个)	甬榨5号
10	桑茶果蚕(22个)	蚕（5个）	银丰 × 玉珠、夏荷 × 秋桂、华菁 × 平72、浙凤1号、秋华 × 白云
		茶树(3个)	景白1号、景白2号、中黄2号

续表

序号	作物	类型	品种名称
10	桑茶果蚕(22个)	蓝莓(3个)	夏普蓝、密斯黛、莱格西
		梨树(1个)	翠玉
		猕猴桃(1个)	华特
		葡萄(5个)	白罗莎里奥、夏黑、宇选1号、玉手指、寒香蜜
		桑树(1个)	强桑2号
		桃(3个)	东溪小仙、丹霞玉露、白丽
11	食用菌(11个)	蝉拟青霉(1个)	蝉花草1号
		黑木耳(2个)	丽黑1号、浙耳508
		灰树花(2个)	庆灰151、庆灰152
		金针菇(1个)	江白2号
		灵芝(2个)	龙芝2号、仙芝2号
		香菇(2个)	浙香6号、庆科212
		秀珍菇(1个)	杭秀1号
12	中药材(11个)	白术(1个)	浙术1号
		贝母(1个)	浙贝2号
		参薯(1个)	温山药1号
		菊花(1个)	金菊3号
		铁皮石斛(2个)	仙斛2号、仙斛3号

续表

序号	作物	类型	品种名称
12	中药材(11个)	温郁金(1个)	温郁金2号
		西红花(1个)	番红1号
		益母草(1个)	浙益1号
		薏苡(1个)	浙薏2号
		元胡(1个)	浙胡2号
13	花草(7个)	光萼荷凤梨(1个)	凤粉1号
		红掌(1个)	丹韵
		孔雀草(1个)	妍秀
		丽穗凤梨(1个)	凤剑1号
		蔺草(1个)	鄞蔺3号
		蟹爪兰(1个)	早妆
		一串红(1个)	红运

附表 2 2011—2015 年浙江省通过国家认定超级稻名录

作物	品种名称	选育单位 / 第一单位	认定年份
常规早稻（2 个）	中早 35	中国水稻研究所	2012 年
	中早 39	中国水稻研究所	2013 年
籼粳杂交晚稻（5 个）	甬优 12	宁波市农业科学研究院	2011 年
	甬优 15	宁波市农业科学研究院	2013 年
	甬优 538	宁波市种子有限公司	2015 年
	浙优 18	浙江省农业科学研究院作物与核技术利用研究所	2015 年
	春优 84	中国水稻研究所	2015 年
籼型三系杂交晚稻（3 个）	天优华占	中国水稻研究所	2012 年
	中 9 优 8012	中国水稻研究所	2013 年
	内 5 优 8015	中国水稻研究所	2014 年

附表 3 2011—2015 年浙江省鉴定农作物不育系品种表

作物	不育系类型	不育系名称
水稻（64 个）	粳型两系水稻不育系（16 个）	浙科 82S、春江 23A、春江 99A、嘉 66A、嘉 81A、嘉浙 501A、双粳 1 号 A、双粳 2 号 A、秀水 134A、甬粳 41A、甬粳 43A、甬粳 45A、甬粳 49A、甬粳 80A、浙 08A、浙粳 5A
	籼型两系水稻不育系（10 个）	建 S、雨 01S、雨 07S、浙科 17S、浙科 47S、V18S、V25S、雨 03S、雨 06S、浙科 52S
	粳型三系水稻不育系（15 个）	春江 20A、嘉 57A、嘉 64A、甬粳 15A、甬粳 16A、甬粳 26A、长粳 1A、浙 05A、浙 06A、浙 07A、浙粳 4A、甬粳 55A、甬粳 5 号 A、甬粳 6 号 A、甬粳 78A
	粳糯型三系水稻不育系（1 个）	浙糯 1A
	籼型三系水稻不育系（22 个）	华浙 2A、华浙 A、华中 1A、钱江 6 号 A、双龙 1 号 A、中 98A、安早 9A、虹 1A、嘉籼 40A、嘉育 03A、嘉浙 173A、九香 A、浙丰 11A、浙新 A、中 23A、中 305A、中 64A、中圣 A、中浙 2A、中浙 3A、紫兴 121A、中亿 A
油菜（5 个）	油菜细胞质不育系（1 个）	嘉油 58A
	油菜隐性核不育系（1 个）	G1A
	油菜隐性上位互作核不育系（3 个）	MSL72A、ZH3A、ZH2A

附表 4　2011—2015 年浙江省植物新品种保护授权品种表

植物种类	品种名称
百合属（2 个）	小白鸽、小白鹭
草莓（2 个）	越珠、越丽
茶树（2 个）	中茶 125、中茶 251
大白菜（2 个）	早熟 8 号、浙白 6 号
大豆（2 个）	浙鲜豆 4 号、浙鲜豆 5 号
大麦（2 个）	浙秀 12、浙啤 33
油菜（2 个）	浙油 601、浙油 50
甘薯（1 个）	浙紫薯 1 号
柑橘（6 个）	脆红、浙柚 1 号、招财、金玉满堂、浙农无核橙柚、阳光
蝴蝶兰（3 个）	粉宝石、红蜻蜓、花仙子
普通番茄（1 个）	浙杂 205
水稻（40 个）	春江 16A、苏秀 9 号、春优 59、春优 172、华占、嘉恢 99、嘉优 99、浙辐 111、浙辐 02、浙辐 JD3A、浙辐 JD8A、苏秀 10 号、中 20A、中 2A、中 3A、中 3 优 1681、中 3 优 810、中香 A、培两优 8007、中 9 优 8012、春江 47A、春优 958、中优 161、浙粳恢 0402、浙 101、中嘉早 17、中早 39、中早 35、春优 84、中协 A、C84、甬优 12、甬优 13、中组 7 号、苏秀 867、协优中 1 号、甬粳 4 号 A、春优 618、春江 19A、美地长粳
玉米（1 个）	金玉甜 2 号

附表 5 2011—2015 年浙江省农作物科研育种获省部级以上奖项表（不完全统计）

序号	获奖项目	奖项名称	第一完成单位
1	优质早籼高效育种技术研创及新品种选育与应用	国家科学技术进步奖二等奖	中国水稻研究所
2	晚粳稻核心种质测 21 的创制与新品种定向培育应用	国家科学技术进步奖二等奖	浙江省农业科学研究院
3	高产优质多抗晚粳稻新品种浙粳 22 的选育与应用	浙江省科学技术奖一等奖	浙江省农业科学研究院
4	水稻高原粳型不育胞质的发掘及其新不育系的选育与应用	浙江省科学技术进步奖一等奖	中国水稻研究所
5	稻瘟病不同抗病基因的聚合效应分析及广谱、持久抗病体系的构建	浙江省科学技术奖二等奖	中国水稻研究所
6	Rim2 超级家族指纹技术体系的建立及其在杂交粳稻育种中的应用	浙江省科学技术奖二等奖	浙江省农业科学研究院
7	优质、高产、示范、推广高效杂交晚籼稻“Ⅱ优 92”选育、示范、推广	浙江省科学技术奖二等奖	金华市农业科学研究院
8	晚粳稻特异种质的创制与功能鉴定	浙江省科学技术进步奖二等奖	浙江省农业科学研究院
9	高产抗条纹叶枯病晚粳稻品种的选育与推广	浙江省科学技术进步奖二等奖	嘉兴市农业科学研究院
10	高产优质多抗晚粳稻秀水 134 的选育与推广	浙江省科学技术奖二等奖	嘉兴农业科学研究院
11	优质杂交水稻新组合丰优 54 的选育及应用	浙江省科学技术奖三等奖	台州市农业科学研究院
12	高产优质广适杂交稻钱优 1 号的育成与推广	浙江省科学技术奖三等奖	浙江省农业科学研究院

续表

序号	获奖项目	奖项名称	第一完成单位
13	两系法杂交水稻技术研究与应用	国家科学技术进步奖特等奖	中国水稻研究所
14	水稻重要生理性状的调控机理与分子育种应用基础	国家自然科学奖二等奖	中国科学院
15	高产、高油、广适油菜新品种浙油 50 的选育与推广	浙江省科学技术奖一等奖	浙江省农业科学研究院
16	甘薯优异种质创新及应用	浙江省科学技术奖一等奖	浙江省农业科学研究院
17	优质、高产、多抗油菜浙油 18 的选育和推广	浙江省科学技术奖二等奖	浙江省农业科学研究院
18	稻麦籽粒重金属低积累机理与粮食安全生产原理研究	高等学校自然科学奖二等奖	浙江大学农学院
19	衢豆系列优质高产夏秋大豆新品种选育与推广应用	农牧渔业丰收奖二等奖	衢州市农业科学研究院
20	甜糯玉米育种技术创新及应用	浙江省科学技术奖三等奖	浙江省农业科学研究院
21	抗番茄黄化曲叶病毒优质多抗番茄品种选育及高效聚合育种技术	浙江省科学技术进步奖二等奖	浙江省农业科学研究院等
22	大白菜优异种质与育种技术创新及新品种选育推广	浙江省科学技术进步奖二等奖	浙江省农业科学研究院等
23	水生蔬菜品种选育及其产业提升关键技术研究与示范	中华农业科技奖二等奖	金华市农业科学研究院等
24	长豇豆重要性状遗传基础和育种技术研究及品种选育	浙江省科学技术进步奖三等奖	浙江省农业科学研究院等
25	松花菜小孢子培养高效育种技术创建及其应用	浙江省科学技术进步奖三等奖	浙江省农业科学研究院等

续表

序号	获奖项目	奖项名称	第一完成单位
26	菜用大豆新品种“浙农6号”的中试与示范	浙江省科技成果转化奖二等奖	浙江万好食品有限公司等
27	蔬菜花卉航天育种技术研究及其新品种选育	浙江省科学技术进步奖三等奖	杭州市农业科学研究院等
28	瓜类砧木和甜瓜新品种选育与关键技术研究应用	浙江省科学技术进步奖三等奖	宁波市农业科学研究院等
29	优质多抗黄瓜新品种选育及育种技术研究	浙江省科学技术进步奖三等奖	浙江省农业科学研究院等

附表 6　2011—2015 年浙江省退出品种表（第 3~6 批）

作物	品种 / 组合名称
大豆（7 个）	浙春 1 号、萧农越秀、衢秋 1 号、黑香毛豆、毛蓬青 1 号、毛蓬青 2 号、秋 7-1
棉花（16 个）	浙棉 10 号、泗棉 3 号、苏棉 8 号、湘杂棉 2 号、南农 98-4、苏棉 12 号、浙杂 2 号、浙凤棉 1 号、慈 96-6、浙彩棉 2 号、协作 2 号、沪棉 204、宁青 6 号、宁棉 12、浙棉 1 号、31413
水稻（236 个）	秀水 48、杭 931、中组 1 号、嘉早 41、Ⅱ优 63、金早 50、嘉早 12、春江 11、春江 15、越粳 2 号、K 优 619、八优 161、嘉早 08、汕优 8548、中早 21、秀水 209、秀水 217、Ⅱ优 8220、新优 365、杭 982、嘉禾 212、温 220、嘉乐优 2 号、八优 52、湖 251、秀优 169、汕优温恢 1 号、玉籼 1 号、秀水 06、秀水 117、粳选 4 号、辐 756、浙丽 1 号、秀水 40、秀水 115、虎优 1 号（8 号）、嘉湖 5 号、祥湖 47、矮双 2 号、R817、庆早 44、嘉籼 222、矮青 3 号、汕优 21、祥湖 93、嘉籼 758、青莲 247、春秋 1 号、泸红早 1 号、浙丽 2 号、浙农大 45、原粳 2 号、浙湖 6 号、绍糯 221、汕优桂 33、浙 8619、119、中浙 1 号、秀水 24、处州糯、汕优 862、协优 64、原粳 11、绍粳 66、宁 95、Ⅱ优 46、Ⅱ优 64、春江 1 号、台 202、春江糯、浙糯 2 号、中丝 2 号、绍糯 119、协优 914、绍籼 1 号、竹菲选、浙农大 454、浙农大 402、原粳 7 号、协优 9516、协优 9308、Ⅱ优 162、协优 371、浙辐 910、协优 963、瑞科 26、温 12、光亚 2 号、中选 181、中 98-18、越糯 2 号、浙粳 20、浙大 514、春江糯 2 号、特优 37、浙粳 30、浙糯 3 号、绍嘉 1 号、全优 36、协优 205、特优航 1 号、原粳 41、嘉早 324、中优 208、池优 S162、浙粳 40、浙粳 50、中佳粳 21、祥湖 914、浙辐 201、甬优 1460、春优 2 号、春江 026、泸香优 8 号、秀水 132、Ⅱ优 843、申优 693、Ⅱ优 54、昌丰优 1286、351 优 1 号、农丰优 2008、培两优 612、嘉绍 2 号、嘉粳 3694、嘉绍 3 号、协优 950、九优 9 号、嘉乐优 100、嘉育 948、甬优 1 号、甬优 2 号、甬优 3 号、浙优 9 号、浙 733、舟 903、珍优 48-2、嘉育 16、优Ⅰ 98、秀水 390、浙农 952、嘉兴 8 号、秀水 42、中 9 优 974、嘉育 164、八优 8 号、嘉育 46、越糯 6 号、浙鉴 21（原名浙 9521）、浙 103、泰优 1 号、Ⅱ优 218、嘉育 21、

续表

作物	品种 / 组合名称
水稻（236个）	中佳早6号、内香优3号、Ⅱ优845、秀水113、秀水223、湖251、航天36、中佳早10号、嘉早332、嘉育70、浙粳23、宜香10号、白丰优48、D优2527、培两优8007、嘉育173、嘉早442、两优456、宜优845、浙粳优1号、嘉育67、浙8619、119、中浙1号、秀水24、处州糯、汕优862、协优64、原粳11、绍粳66、宁95、Ⅱ优64、春江1号、二九青、143、原丰早、中秆早、141、广陆矮4号、青秆黄、竹科2号、汕优6号、矮粳23、红突31、8004、香糯4号、秀水46、81鉴73、秀水27、威优35、秀水04、汕优10号、早莲31、协优46、七优2号、浙农大40、秀水37、浙湖3号、金辐48、温189、浙辐9号、浙辐762、杭早3号、中156、汕优36辐、绍糯86、秀水861、秀水620、秀水664、原粳4号、黑宝、矮血糯、紫香7号、黑珍米、绍糯43、K优117、宜香优1577、菲优E1、冈优827、中嘉早32、中优9号、双糯4号、汕优63、更新农虎
西瓜（17个）	平优5号、龙太子、万福来、聚宝一号、玉玲珑、小天使、华铃、天赐208、天赐608、惠玲、绿龄童、盛兰、春风、丽春、金蜜1号、豫艺天福、卫星6号
小麦（14个）	钱江2号、浙农大105、核组8号、温麦8号、浙麦6号、钱江3号、核组9号、浙麦8号、丽恢4号、扬麦1号、扬麦3号、浙麦4号、浙麦5号、临麦32
油菜（10个）	浙优油1号、浙油758、中油杂1号、九二13系、湘杂油1号、华浙油1号（原名H9926）、宁油7号、480、东胜14、601
玉米（24个）	掖单12、郑单14、浙糯2012、苏玉糯9号、特甜2号、丹玉13、浙甜7号（原名浙甜2001-1）、丰糯2号、西子糯2号、浙大糯玉2号、浙单10号、超甜2018、黄金1号、东糯4号、水晶糯9号、浙凤糯7号、翠甜1号、浙甜8号、浙甜9号、浙糯玉2号、浙糯玉3号、旅曲、丹玉6号、虎单5号

附表 7　2011—2015 年浙江省年推广种植面积达 10 万亩以上农作物品种表

作物	品种名称
常规早稻（9 个）	中早 39、中嘉早 17、金早 47、甬籼 15、甬籼 69、甬籼 57、嘉育 253、中嘉早 32、中早 22
杂交晚稻（17 个）	中浙优 1 号、中浙优 8 号、甬优 9 号、甬优 15、甬优 538、甬优 12、甬优 17、甬优 8 号、甬优 10 号、春优 84、深优 5814、Y 两优 689、两优培九、新两优 6 号、钱优 1 号、扬两优 6 号、丰两优香 1 号
常规晚稻（20 个）	秀水 134、嘉 58、浙粳 88、绍粳 18、宁 88、嘉禾 218、秀水 114、嘉 991、嘉花 1 号、宁 81、宁 84、绍糯 9714、浙糯 5 号、秀水 321、秀水 123、浙粳 22、嘉 33、秀水 09、秀水 03、秀水 128
小麦（8 个）	扬麦 12、扬麦 20、扬麦 19、扬麦 11、扬麦 18、扬麦 158、浙丰 2 号、温丰 10 号
油菜（10 个）	浙油 50、浙大 619、浙双 72、高油 605、浙油 51、浙油 18、中双 11、浙双 6 号、沪油 15、浙双 758
玉米（4 个）	济单 7 号、郑单 958、农大 108、苏玉糯 2 号
大豆（6 个）	引豆 9701、春丰早、辽鲜 1 号、台湾 75、八月拔、衢鲜 1 号
马铃薯（3 个）	东农 303、中薯 3 号、克新 4 号

附表 8 2011—2015 年浙江省主要农作物主导品种表

年份	品种名称
2011 年（48 个）	常规早稻（6 个）：中嘉早 17、金早 47、嘉育 253、甬籼 69、甬籼 15、中嘉早 32 常规晚粳（糯）稻（9 个）：秀水 134、浙粳 22、嘉 33、宁 88、秀水 09、绍糯 9714、宁 81、秀水 114、秀水 123 杂交粳稻（2 个）：甬优 8 号、浙优 12 号 杂交晚籼稻（8 个）：中浙优 1 号、甬优 9 号、中浙优 8 号、钱优 1 号、两优培九、甬优 6 号、新两优 6 号、金优 987 甜玉米（2 个）：华珍、浙凤甜 2 号 糯玉米（3 个）：苏玉糯 2 号、浙凤糯 2 号、美玉 8 号 春大豆（3 个）：浙农 6 号、台湾 75、引豆 9701 秋大豆（2 个）：衢鲜 1 号、浙秋豆 2 号 油菜（4 个）：浙油 18、浙油 50、浙双 72、浙大 619 西瓜（4 个）：早佳、浙蜜 3 号、早春红玉、拿比特 小麦（2 个）：扬麦 12、扬麦 158 棉花（1 个）：湘杂棉 8 号 马铃薯（2 个）：中薯 3 号、东农 303
2012 年（49 个）	常规早稻（6 个）：中早 39、中嘉早 17、金早 47、甬籼 69、甬籼 15、嘉育 253 常规晚粳（糯）稻（8 个）：秀水 134、浙粳 22、嘉 33、宁 88、秀水 09、绍糯 9714、宁 81、秀水 114 杂交粳稻（3 个）：甬优 8 号、浙优 12 号、甬优 12 杂交晚籼稻（8 个）：甬优 9 号、中浙优 1 号、中浙优 8 号、钱优 1 号、两优培九、新两优 6 号、丰两优香 1 号、Ⅱ优 023 甜玉米（3 个）:华珍、浙凤甜 2 号、金玉甜 1 号 糯玉米（2 个）：浙凤糯 2 号、美玉 8 号 普通玉米（1 个）：郑单 958 春大豆（3 个）：浙农 6 号、台湾 75、引豆 9701 秋大豆（2 个）：衢鲜 1 号、浙秋豆 2 号 油菜（4 个）：浙双 72、浙油 18、浙油 50、浙大 619 西瓜（4 个）：早佳、浙蜜 3 号、早春红玉、拿比特 小麦（2 个）：扬麦 12、扬麦 158 棉花（1 个）：湘杂棉 8 号 马铃薯（2 个）：中薯 3 号、东农 303

续表

年份	品种名称
2013年（48个）	常规早稻（7个）：中早39、中嘉早17、金早47、甬籼69、甬籼15、温229、金早09 常规晚粳（糯）稻（8个）：秀水134、嘉33、嘉禾218、绍糯9714、宁81、宁88、秀水114、秀水123 杂交粳稻（2个）：嘉优5号、甬优12 杂交晚籼稻（7个）：甬优15、甬优9号、中浙优1号、中浙优8号、钱优1号、新两优6号、Ⅱ优023 甜玉米（3个）：华珍、浙凤甜2号、金玉甜1号 糯玉米（2个）：浙凤糯2号、美玉8号 普通玉米（1个）：郑单958 春大豆（3个）：浙农6号、台湾75、引豆9701 秋大豆（2个）：衢鲜1号、浙秋豆2号 油菜（4个）：浙双72、浙油18、浙油50、浙大619 西瓜（4个）：早佳、浙蜜3号、早春红玉、拿比特 小麦（2个）：扬麦12、扬麦158 棉花（1个）：湘杂棉8号 马铃薯（2个）：中薯3号、东农303
2014年（47个）	常规早稻（6个）：中早39、中嘉早17、金早47、甬籼15、金早09、温814 常规晚粳（糯）稻（8个）：秀水134、嘉58、嘉禾218、浙粳88、绍糯9714、秀水321、绍粳18、宁88 杂交粳稻（2个）：嘉优5号、甬优12 杂交晚籼（粳）稻（8个）：甬优15、中浙优8号、甬优9号、中浙优1号、春优84、甬优538、Y两优689、Ⅱ优023 甜玉米（3个）：华珍、浙凤甜2号、金玉甜1号 糯玉米（2个）：浙凤糯2号、美玉8号 普通玉米（1个）：郑单958 春大豆（2个）：浙农6号、引豆9701 秋大豆（2个）：衢鲜2号、萧农秋艳 油菜（4个）：浙油50、浙大619、浙油18、中双11 西瓜（4个）：早佳、浙蜜3号、早春红玉、拿比特 小麦（2个）：扬麦12、扬麦18 棉花（1个）：湘杂棉8号 马铃薯（2个）：中薯3号、东农303

续表

年份	品种名称
2015年（46个）	常规早稻（5个）：中早39、中嘉早17、金早47、甬籼15、金早09 常规晚粳（糯）稻（6个）：秀水134、嘉58、嘉禾218、绍糯9714、粳18、宁88 杂交晚稻（10个）：中浙优8号、甬优15、甬优9号、中浙优1号、春优84、甬优538、嘉优5号、甬优12、Y两优689、深两优5814 甜玉米（2个）：浙甜2088、金玉甜1号 糯玉米（2个）：浙凤糯3号、美玉8号 普通玉米（2个）：郑单958、登海605 春大豆（2个）：浙农8号、浙鲜豆8号 秋大豆（2个）：衢鲜2号、萧农秋艳 油菜（4个）：浙油50、浙大619、浙油51、中双11 西瓜（4个）：早佳、浙蜜5号、早春红玉、拿比特 小麦（3个）：扬麦12、扬麦18、扬麦20 棉花（2个）：湘杂棉8号、中棉所87 马铃薯（2个）：中薯3号、东农303